こうすれば絶対よくなる! 日本経済

田原総一朗 ジャーナリスト
藤井聡 京都大学大学院教授・元内閣官房参与
マンガ 若林杏樹

アスコム

藤井　いまの消費税率10％を、コロナ終息までという期間限定で0％にすべきです。つまり、すべてのモノの価格を現在の10％引き、1割引きにします。

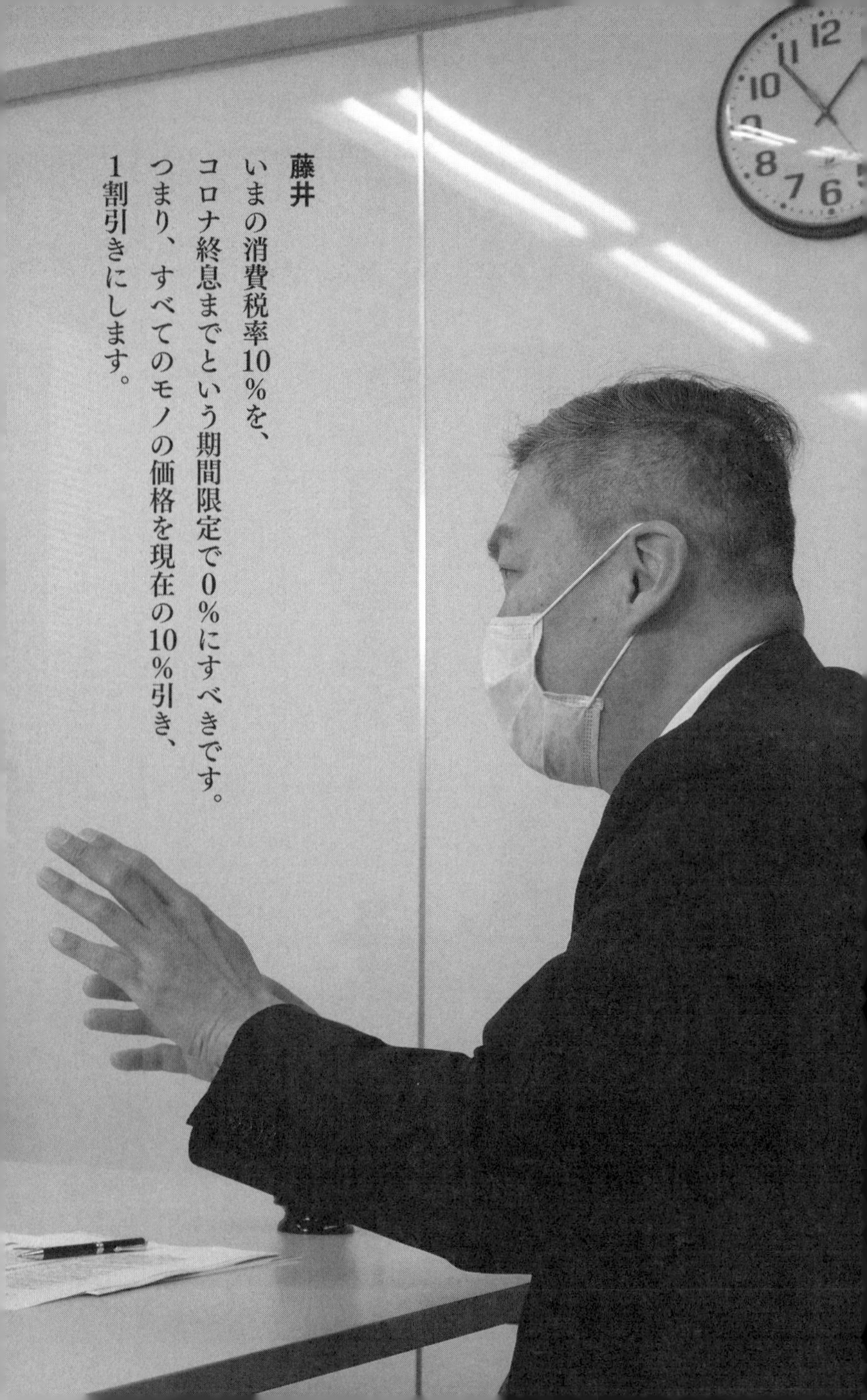

巻頭preview!

生活を補助し消費を喚起して国民経済を救うのが、
消費税0％（消費税の一時凍結）です。
カネを配る必要がなく、モノの価格が下がってモノが売れるから、
企業を救うことにもなります。

じつは消費税増税こそが〝デフレの元凶〟です。
デフレのとき消費税の税率を上げては絶対の絶対にダメなのです。

田原
消費税0％。
これは非常にわかりやすくて、
インパクトがきわめて大きい。
選挙の一大目玉政策となるね。

（45ページへ）

藤井　もし20年4月の段階で、安倍さんが徹底的な政府補償を提供することができ、「緊急事態です。徹底的に自粛してください。そのかわり毎月20万円を配ります。毎月必ず払います」といったとしたら、国民はほとんど何の文句もいわずに自粛したでしょう。実際、ヨーロッパの国ぐにもアメリカも、それに近いことをしています。EU各国は20年3月末までに事実上「財政規律の凍結」を宣言しました。先進国も開発途上国も、多くの国が消費税の減税を断行しています。しかも20年4月や5月から始めています。

田原　日本とは、まったく逆なんだ。

藤井　プライマリーバランスを堅持する以上、仮に緊急事態宣言の期間限定とはいえ、20万円なんて到底、支払うことができない。10万円を1回出せばそれっきり。カネを払えなければ、経済は回復しない。しかも政府がカネを払わないからコロナ病床も増えず、感染が少し拡大しただけで医療崩壊が叫ばれ、緊急事態宣言がすぐ出され、ますます経済は冷え込む。政府がプライマリーバランスを守り続ければ、何重もの意味で経済が冷え込むんです。

（61ページへ）

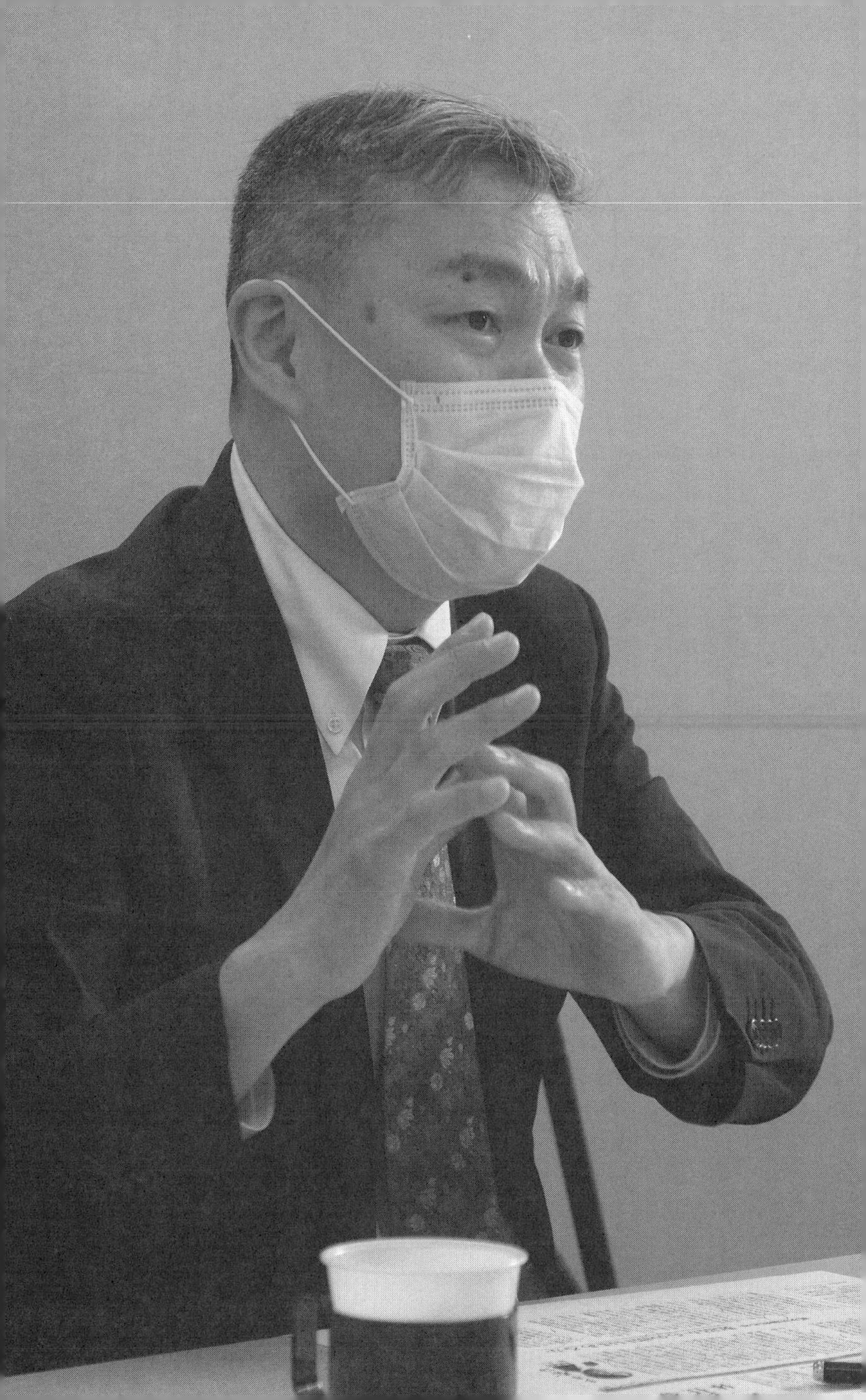

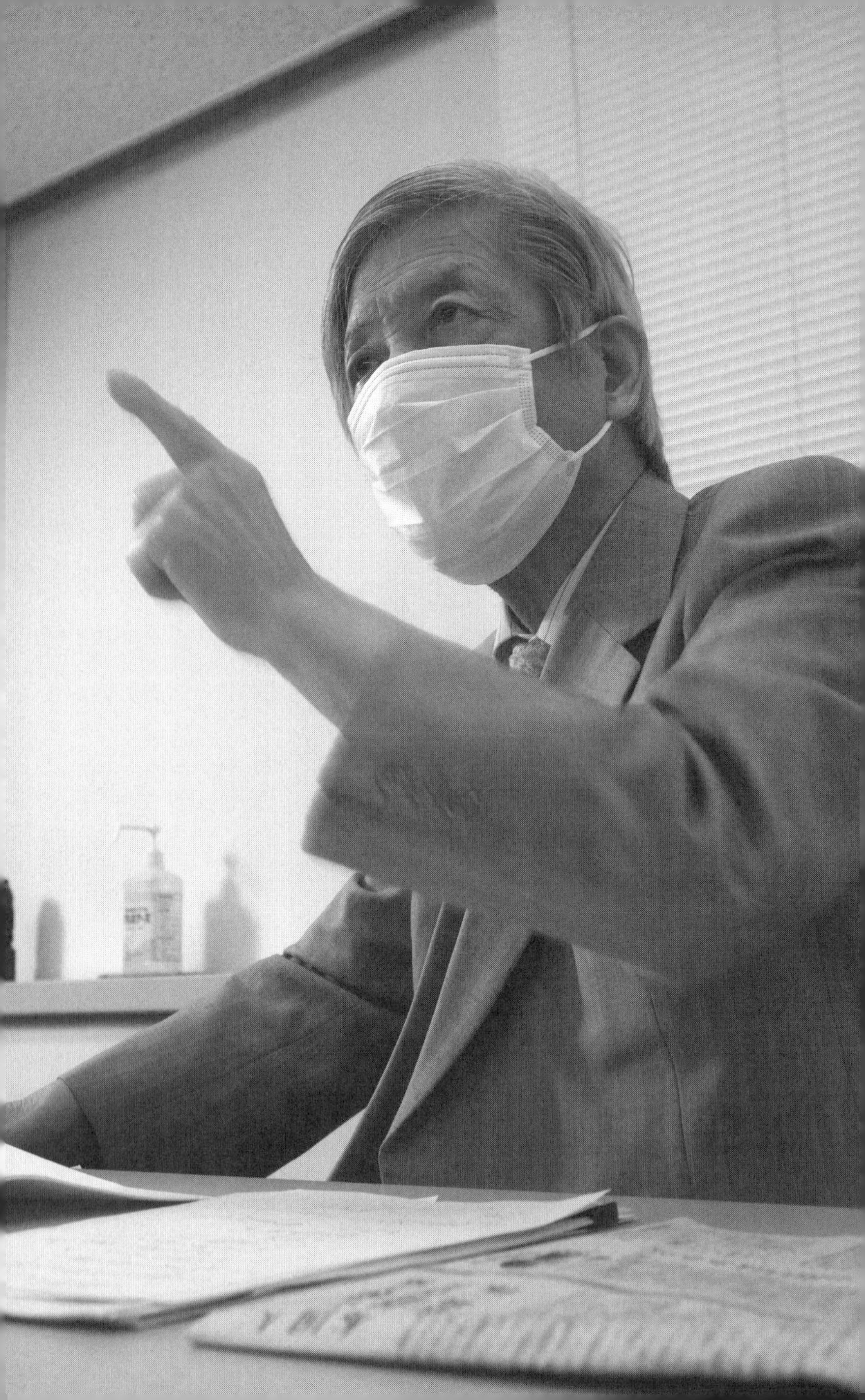

藤井　日本は先進7か国中、経済的な落ち込みがもっとも小さかったにもかかわらず、もっとも回復できなかったのです。

田原　消費税を下げるでもなく、給付金も少なかったからですね。

藤井　財務省が愚かなのは、経済をダメにして財政基盤を破壊していることに、彼ら自身が気づいていないという点です。

田原　諸悪の根源は財務省？　財務省のプライマリーバランスへの執着？

藤井　そうです。日本がG7でもっとも回復できなかったのは、プライマリーバランスが安倍内閣のくびきとなって、さまざまな政策を強力に制約した結果です。結局、財務省問題が、じつは日本という国の宿痾《しゅくあ》となってしまっています。（64ページへ）

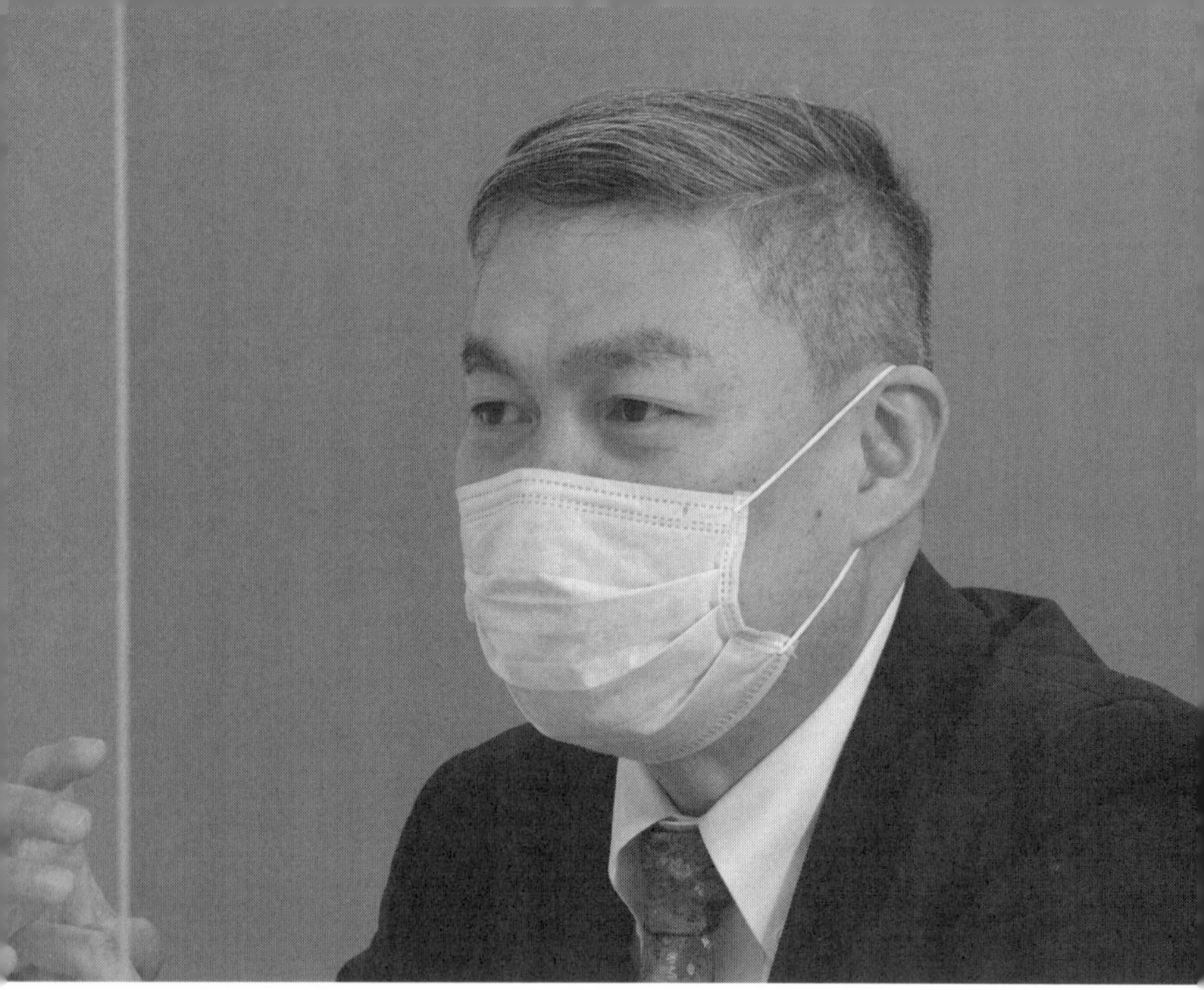

藤井　なぜ例外なくどんどん債務残高を増やしていけるのか？

それは、日米英が国家だから、政府だからです。政府がカネを作り出して供給できる機能を持っているからです。

これがＭＭＴ「現代貨幣理論」と呼ばれる理論の最大のポイントです。

田原　日米英は１５０年２００年３００年と借金を増やしつづけ、借金でつぶれるなら、とっくに財政破綻していなければおかしい？

藤井　はい。日米英3国とも「中央銀行」を持ち、それぞれ円・ドル・ポンドとい巻頭preview!

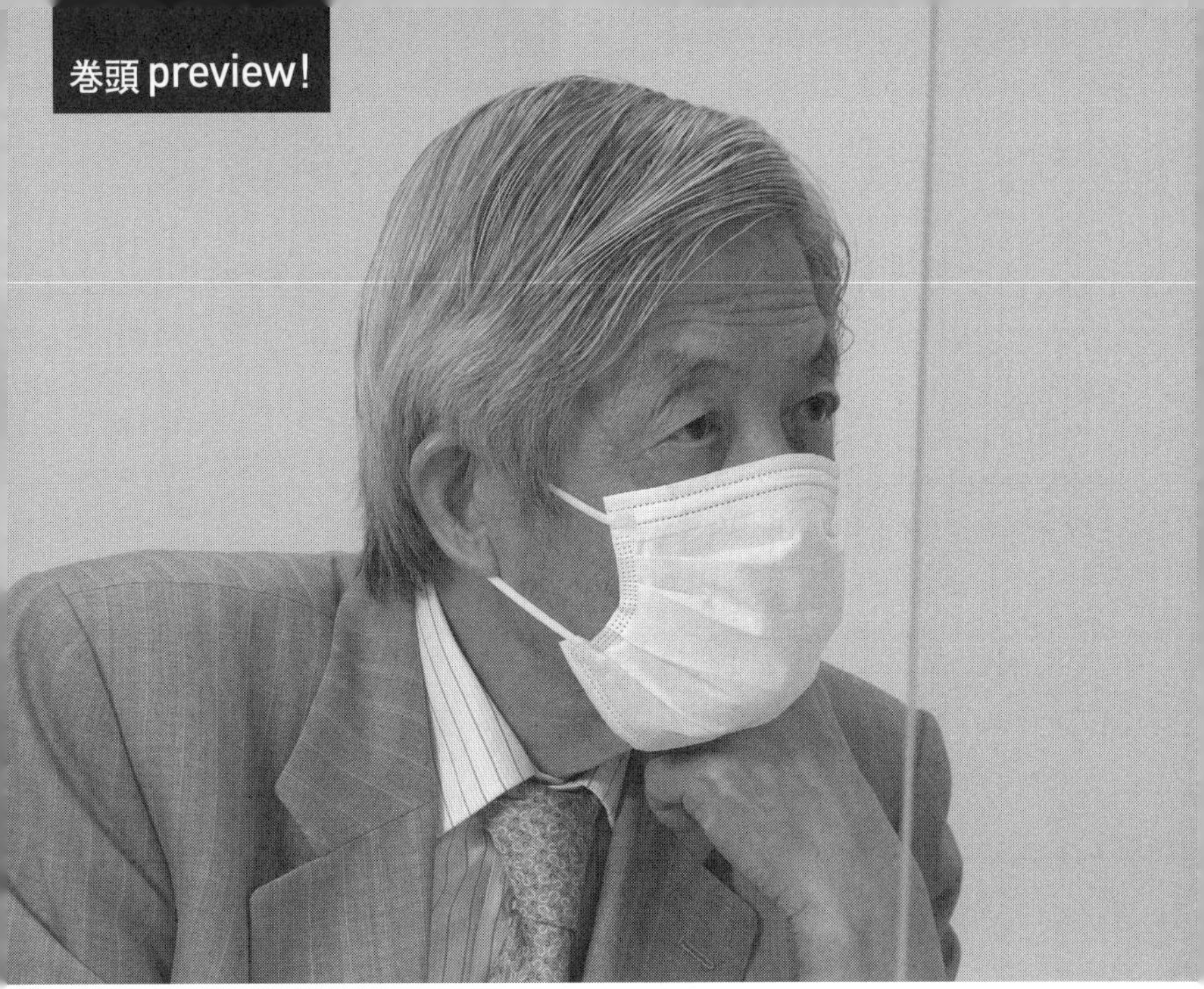

う通貨を発行しています。だから中央銀行を持つ政府は、任意に、いつでもいくらでもカネをつくり出すこと（貨幣の創出）ができる能力と権限を持っているのです。だから政府はつぶれません。政府が「自国通貨建《だ》て」の借金によって破綻や破産をすることは、考えられないんです。

田原　個人も家庭も企業も政府も、借金が膨らんでしまったらヤバい、というのがこれまで世の中の常識だった。ところが、そのなかで政府だけは別で例外。なぜならば通貨を発行できるからなんだ。

（79ページへ）

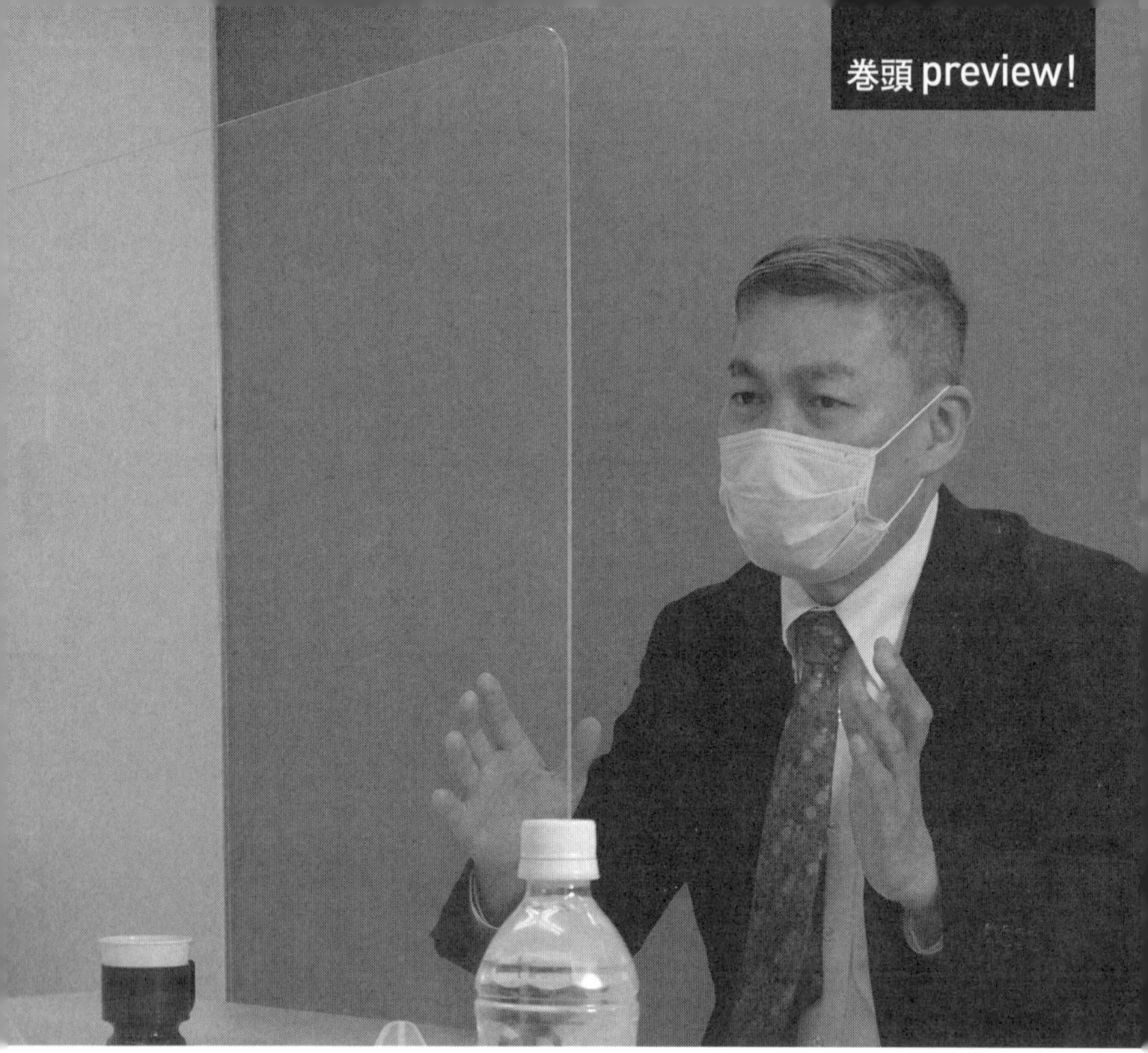

藤井　世間に大きな誤解がある。財政破綻論者も誤解してますけれど、安倍内閣は、カネをどんどんばらまく拡張財政をやったわけではないんです。じつは安倍内閣時代、当初15兆円ほどあったプライマリーバランスの赤字は、年々減っていきました。国債発行額を40兆円からだんだん減らして30兆円に近づける一方で、増税と予算削減をやったからです。安倍内閣は「拡張財政」をやっていたのではない。「緊縮財政」をやっていたんです。

田原
異次元というから
ガンガンやったと思ったら、違う?

藤井
違います。

そこに大きな誤解があるんです。

日銀の金融政策と政府の財政政策はまったく別物なのに、両者を混同し、日銀が金融緩和を徹底的にやっているから、何だか政府がたくさんおカネを使っているかのような錯覚に陥っている議論がしばしばあります。

しかし、繰り返しますが両者はまったく別。


(98ページへ)

田原　補償しないことが、政府の国民に対する虐待？これは穏やかではない。

藤井　日本国民がふだんからまじめに高い税金を、いやいやながらでも支払っているのは、国や政府や自治体というものは、いざというとき自分たちを助けてくれる存在に違いない、と信頼しているから。その政府や自治体が、外出自粛だ、ステイホームだ、テレワークだ、とにかく家にいてくれ、という。

しかし、役所や大企業勤めではなく年金暮らしでもない人、とくに飲食店、旅館やホテル、旅行業やタクシー、興行やエンタテインメントなど、お客さんに足を運んでもらってなんぼの商売は、自粛が長引

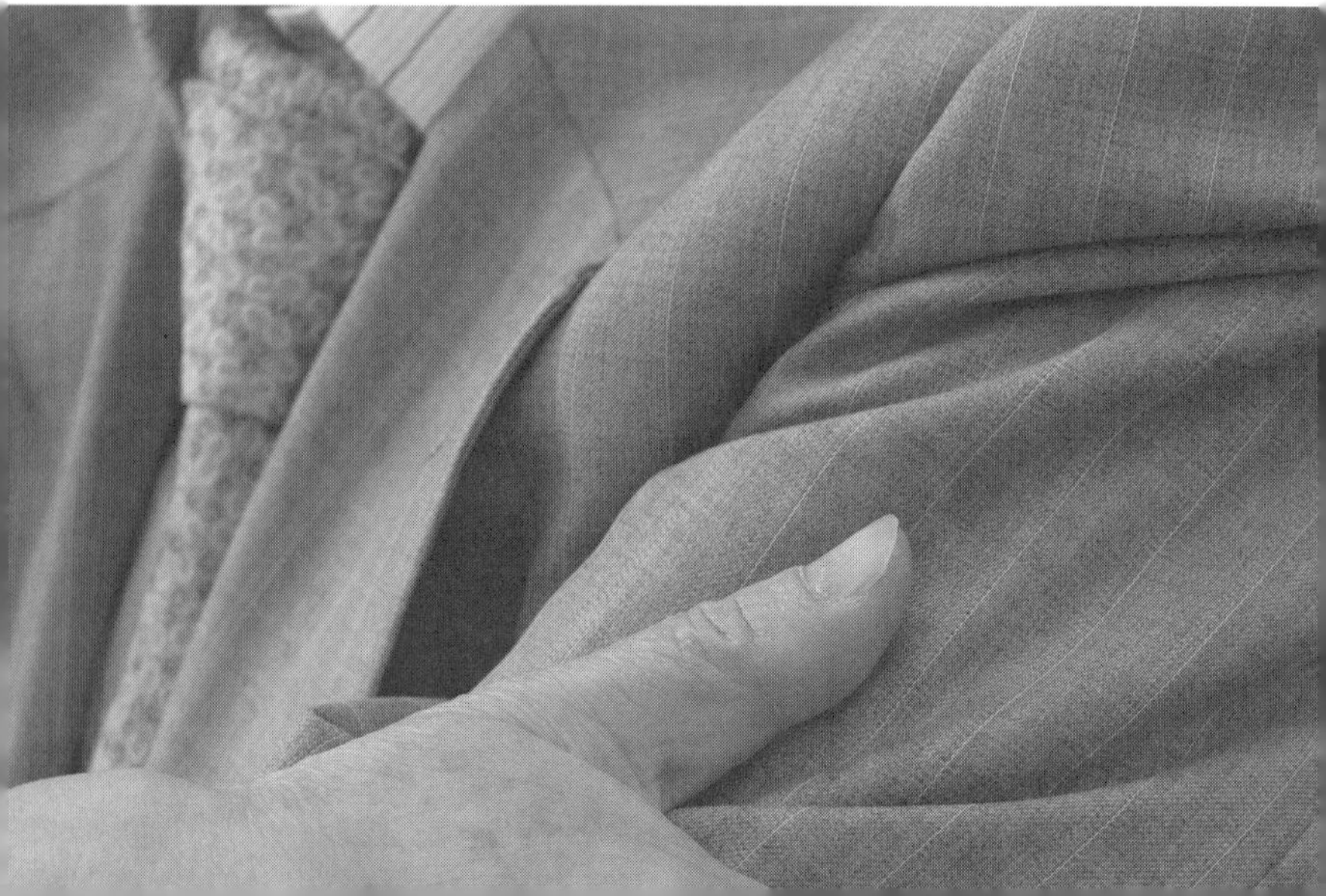

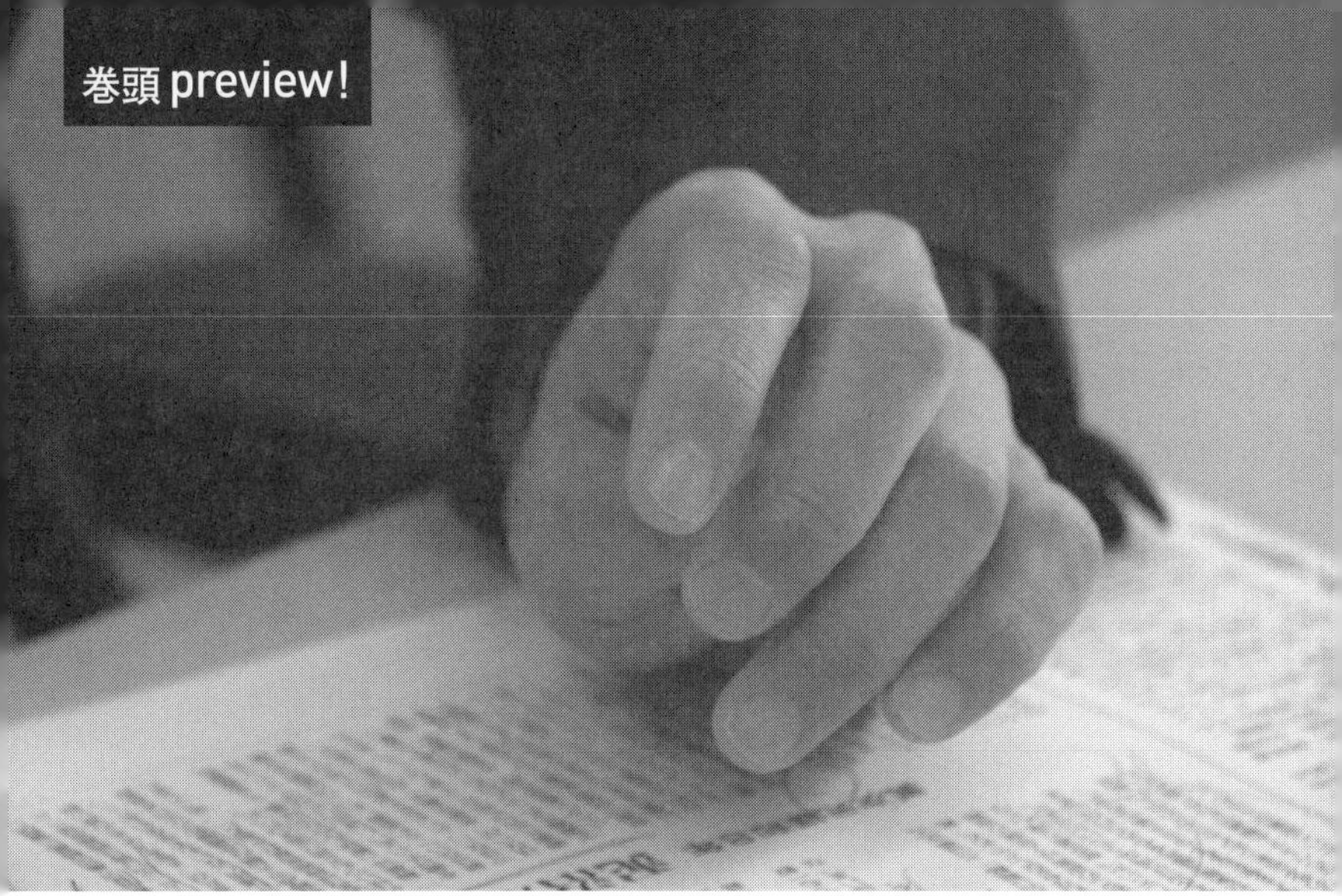

いて人びとが家に引きこもり続ければ、つぶれてしまう。これに対して補償を出すべきだというのは当たり前。諸外国がふつうにやっていることです。

田原　日本では、そんなことはできない。1200兆円も借金がある。さらに100兆円200兆円なんてカネを出せるはずがない――と、みんな反対した。

藤井　MMTが教える財政出動でカネは出せるのだ、という提案を検討もせずに、財務省が出せないといっているから出さないとは、何事か。それこそまじめに働いて納税し、家にいろという要請も従順に受け入れている国民に対する裏切りではないか。国民いじめ、虐待ともいうべき大問題ではないか。（178ページへ）

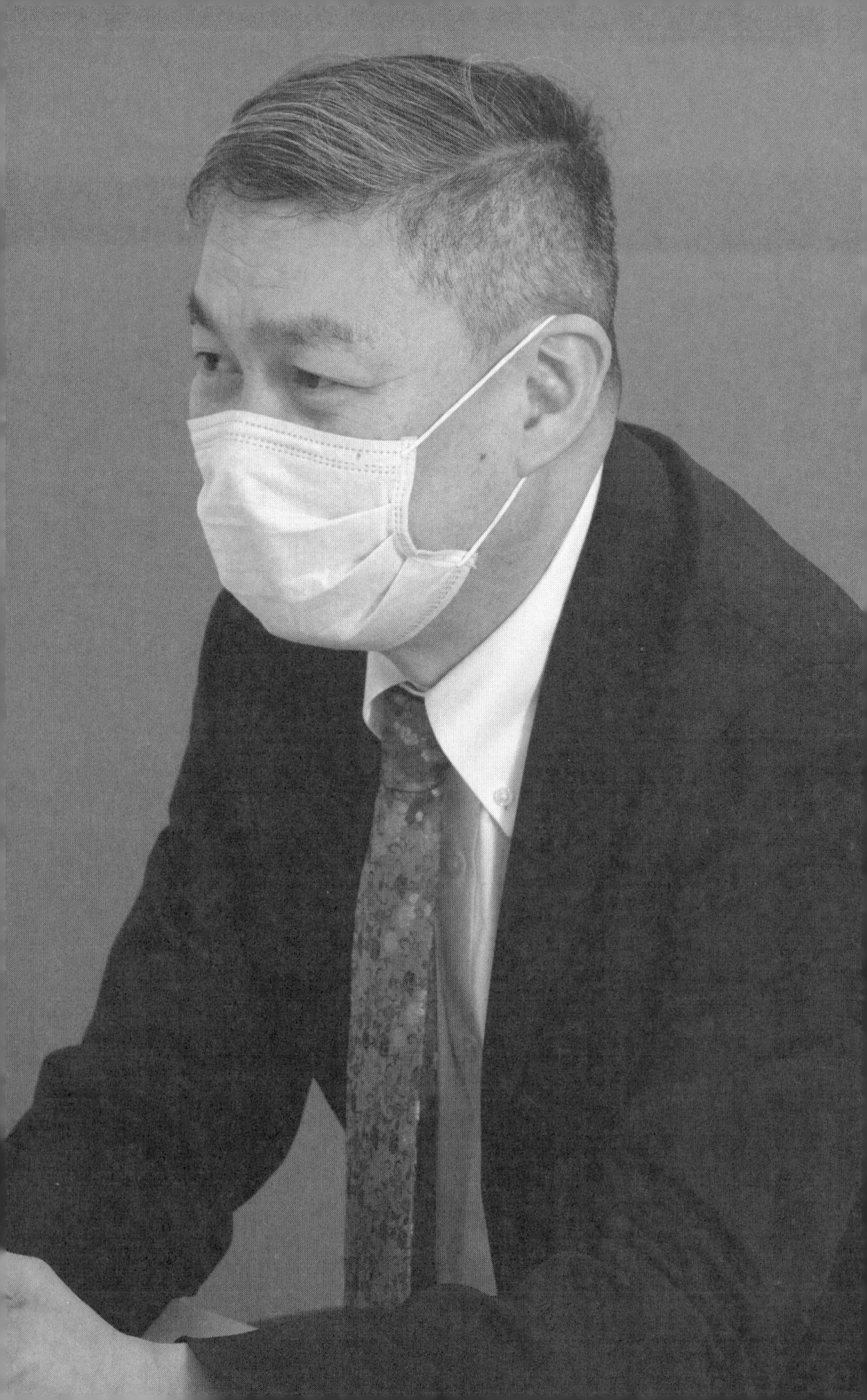

藤井

いまMMTを実践しているのは中国です。

習近平は事実上MMTと同様の内容を勉強し、
MMTに基づいて財政政策を展開しているといいうる状況にあります。
一帯一路で〝中国版大ニューディール政策〟をやっている。
池田勇人の所得倍増計画や、
田中角栄の列島改造論など、高度成長までの日本も、
徹底的にインフラ政策をやって
成長を目指す経済モデルでした。（111ページへ）

田原
いま、世界の経済学者たちが、資本主義は行き詰まりだ、といっています。

藤井
世界はいま、僕がまさに主張しているMMT、財政規律の適正化、国家資本主義といった方向に動き始めています。
経済財政の「常識」が、大きな音をたてて変わりはじめているんです。
この方向性を日本政府を率いるどなたが実現するか、それが2021年か、10年後かそれとも20年後になるかで、日本の未来は決まる、と僕は思います。

田原
先延ばしすればするほど、日本経済は落ち込み、暗い未来が待ち受けている。

藤井
そうです。間違いなくそうなります。（218ページへ）

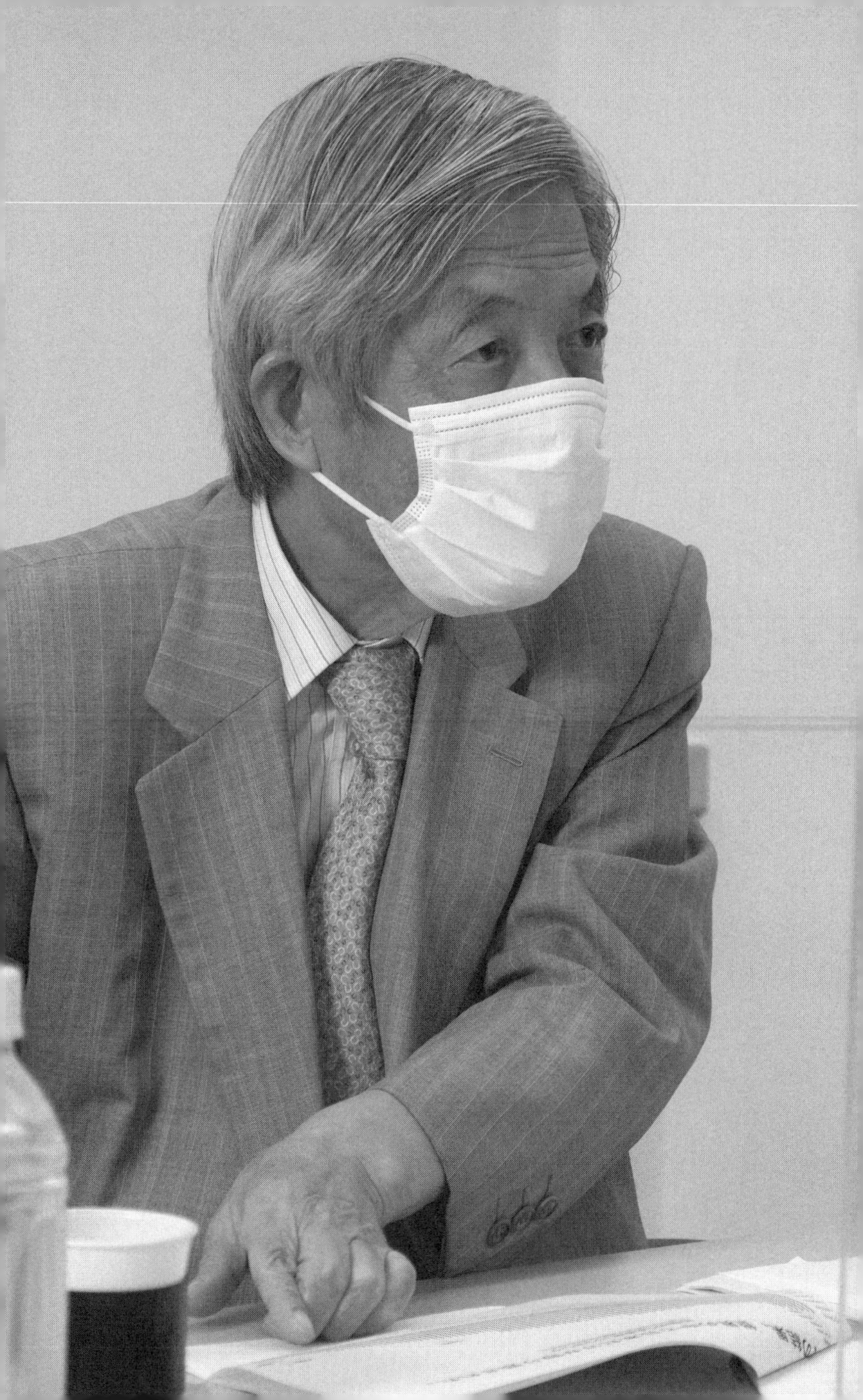

はじめに

こうすれば絶対よくなる！ 日本経済

日本は、先進国のなかで財政事情がきわめて悪い。

いわゆる〝国の借金〟は、1200兆円以上の巨額に膨らんでしまった。

これは国債・借入金・政府短期証券の残高を合計したもので、国民一人あたり980万円以上の借金をかかえている計算になる。毎年の対GDP（国内総生産）で見れば220％前後だ。ここまで借金まみれの先進国は、ほかにない。

このままいけば、10年くらい先には、日本は間違いなく財政破綻してしまう。

こういう〝悲観論〟が、この国を覆っている。

バブル経済崩壊から30年。日本人は日本経済に自信を失い、先の見通せない悲観論ばかりを氾濫させてきた。そこへ新型コロナウイルス感染症である。人びとは文字どおり、引きこもり巣ごもりを余儀なくされ、身動きが取れない。
かつて経験したことのない閉塞感は、限界に近づいている。

そんななか、京都大学大学院教授で「表現者クライテリオン」編集長も務める藤井聡さんが、これまで聞いたことがない、超前向きの〝強気論〟を吠えまくった。

提言1　プライマリーバランス規律の撤廃
提言2　新型コロナ終息まで消費税0％
提言3　企業に対する粗利補償
提言4　未来を拓く危機管理投資

これをただちに実行せよ。この4つだけでいい。
そうすれば、日本経済は絶対によくなる。日本は必ず復活できる、というのだ。

藤井さんは6年間、内閣官房参与を務め、ようするに安倍晋三・前首相のアドバイザーだった。「国土強靭化」をいい出したのも彼だという。

しかし、借金まみれの日本に、そんなことが可能なのか？　ＭＭＴ（現代貨幣理論）に基づけば問題ないのだ、と聞いても、率直にいって私はあまり信用できなかった。世の〝常識〟とあまりにかけ離れた主張ではないか。

そこで私は、思いきって否定的な疑問を、どんどんぶつけた。対して藤井さんは、まったく感情的になることなく、終始穏やかな口調で、私を説得し続けた。

経済の推移を示すグラフ、現に先進各国がおこなっている巨額の財政出動、デフレの原因分析など、さまざまなデータも、これでもかこれでもかと持ち出して、懇切丁寧に解説してくれた。

正直いって私は、経済にはあまり詳しくない。しかし、そんな私にも、とてもわかりやすく、納得できる説得力だった。

こうすれば日本経済は持続可能だ、日本国の財政破綻もない、という確かな自信を得ることができた。藤井聡さん、どうもありがとうございました。

読者のみなさんも、いま日本がもっとも必要としている藤井さんの説得に、目を凝らし、耳を傾けてほしい。

そうすれば、必ずやこの閉塞状況を打ち破ることができるはずである。また、編集部の提案で、若手のマンガ家、若林杏樹さんのマンガも掲載した。藤井さんと私の激論が、30代の女性にはどのように映るのか楽しんでいただけたらと思う。

最後に、アスコム高橋克佳、斎藤和佳、ジャーナリスト坂本衛の諸氏の同志的な協力に感謝して筆を置く。

２０２１年４月

田原総一朗

第2章 「国家の借金」と「家計の借金」を同列にする困った人々

第3章 「消費税増税で日本を貧困化」させた困った人々

第4章
「財源がない」を何もしないための切り札に使う困った人々

第5章 世界から日本がナメられはじめているのに手を打たない困った人々

第1章

「プライマリーバランス規律は絶対」というデマを信じる困った人々

『朝まで生テレビ!』を見て、西部邁へ弟子入りした

田原　はじめまして。藤井さんの本やサイトを読ませてもらいました。藤井さんが「こうすれば日本経済は絶対よくなる!」と盛んに提言されていることも、与野党の政治家はじめさまざまな人から聞いています。日本経済をよくする方策を、本書で徹底的に議論したいんです。

藤井　こちらこそ、はじめまして。といっても僕は、田原さんとはずっと昔から知り合いというか、お世話になった先輩のような気持ちでいます。

というのは、僕が西部邁《すすむ》先生の弟子になったのは田原さんの『朝まで生テレビ!』のおかげですから。番組が始まったころ見て、ウソじゃないホンマの話をしてるオッサンがおると、たいそう驚いた。その10年後、東京に越してきたとき、あの西部先生のもとでぜひ学びたいと思い、弟子入りしました。だから『朝生』で人生が変わった

といっても過言ではない男。それが僕なんです。

田原　そりゃ、うれしい話だなあ。西部さんと僕はとても仲がよく、非常に信頼していました。西部邁に、僕は大きな借りがあります。テレビ朝日で番組が始まったのは1987年4月。あのころ文化人といえばみんな左翼ばかり。大島渚、小田実《まこと》、野坂昭如《あきゆき》あたりで、保守の論客がいない。これでは討論番組にならないから、悪いけど〝悪役〟として出てほしいと頼んだ。喜んで出てくれました。

藤井　大島さんや野坂さんたちが真剣に怒鳴りあっていた。ウーロン茶代わりにウイスキーを飲みながらやっていたこともあったよ、と西部先生からお聞きしました。

番組が始まったころは本当におもしろかった。僕は京大工学部の学生でしたが、テレビや雑誌の座談会なんかウソばっかりで、まともな議論は『朝生』しかなかったように覚えています。

田原　西部さんは保守、それも親米や対米従属に批判的な〝真正保守〟だったけど、もともとは左翼。60年安保闘争のとき全学連中央執行委員で、警察に捕まったから、いまの左翼も西部さんを尊敬している。

彼がよく「俺たちは失敗した」と昔を振り返ったのは、「安保反対！　岸を倒せ！」と叫びながら、吉田茂が51年に締結した旧安保条約も岸信介の新安保条約も、全然読んでなかった、と。

じつは旧安保はアメリカにきわめて都合のよい〝奴隷安保〟で、占領政策の延長。それを岸首相は新安保で直そうとした。ところが、新旧条約を比較するどころか、ハナからどっちも読んでない。岸は太平洋戦争を始めた東條英機内閣の商工大臣。そんな岸のやることだ、新安保はアメリカの戦争に協力する密約に違いない、と思い込んでいた。まったく間違っていた——とね。

藤井　当時の記憶を踏まえて、現在の言論をしていかなければならないのに、僕らの世代はほとんど忘れてしまっています。とても残念です。

田原　僕も岩波映画製作所というところにいて、やっぱり毎日のように国会デモに行った。でも、西部さんと同じで、安保条文なんて見向きもしない。東條らA級戦犯7人が絞首刑になった翌日に放免となった岸信介は、かろうじて不起訴になっただけで、戦犯の一味に決まっている、と思っていた。

60年安保で間違ったという反省が強くあって、後に『日本の戦争』のような戦争や歴史を振り返るノンフィクションを書いたんです。

藤井　田原さんのお話は、なんだか西部先生のお話のように聞こえてきますね（笑）。

なぜ「土木」の専門家なのに「経済」を語れるのか？

田原　西部さんは雑誌『発言者』を創刊し、表現者塾というのもやっていた。弟子の藤井さんが後を継ぎ、『表現者クライテリオン』の編集長にもなって、真正保守思想を標榜する言論活動をしていこうというのはわかる。

でも、藤井さんは、京大大学院工学研究科教授で社会工学者。もともと勉強したのは土木工学で、博士論文も交通需要予測や交通政策研究。つまり経済学者ではないらしい。それなのに、なんで「日本はこの経済政策をやれ」って提言できるの？

藤井　大学の専攻は土木ですが、**土木はじつはマクロ経済を内包してる**んです。いちばんわかりやすい例は「全総」（全国総合開発計画）です。

たとえば池田勇人《はやと》内閣の62（昭和37）年10月に閣議決定された最初（第一次）の全総は、所得倍増計画、高度成長経済、所得格差拡大の是正といった財政政策と同じコインの表裏なんです。インフラを造るには財政政策を打ち出し、財源をどう調達して経済効果（あるいは乗数効果）はどれくらい、と考えていく必要がある。さらには建設国債を発行して金利はどうなるのかと検討することも必要になります。

どこかの街にちょっとした鉄道を通すくらいなら必ずしもそこまで考えないかもしれませんが、全国に新幹線や高速道路を張りめぐらせるとなれば、マクロ経済そのものが大きな影響を受けます。だから**土木系の研究者には、インフラ整備とともにマクロ経済学をやるグループが伝統的に存在**します。いわゆる土木のハード系が4分の3、土木計画と呼ばれるインフラ政策を論じるソフト系が残り4分の1くらい。後者は、ほとんど経済学そのものです。

田原　そうか、**土木はもともと経済学と表裏一体だった**んだ。

藤井　とくに1970年ころまではそうでした。かつての経済学は、「近代経済学」

と「マルクス経済学」（近経とマル経）の二つに分かれていて、近経といえば「ケインズ経済学」でした。このケインズ経済学は、土木計画学の根幹そのものといっていい理論。でも、80年代からフリードマンが代表する新自由主義の経済学がのしてきて、近経はシカゴ学派になった。いま大学の経済学部では、ケインズ経済学はほとんど死んでいます。結果、経済と土木の関係が切れてしまったんです。

ところが、土木分野ではケインズ経済学者はまだ生息しています。土木のほうは経済と関係を切っていないので、われわれは土木の政策論を専門とする経済学者、いわば「インフラ論を包摂した経済学者」なんですよ。

第二次安倍政権の「内閣官房参与」ってどんな役割？

田原　なるほど。もう一つ、藤井さんのプロフィールで確認しておきたい。藤井さんは第二次安倍内閣で内閣官房参与でしたね。就任の経緯は？

藤井　自民党が野《や》に下った民主党政権時代、財政政策をガツンと打ち出して内需を拡大し、デフレから脱却することが、日本にとって絶対に必要だ、と僕は考えていました。僕はその実現を訴えていかなければならない、いま野党の自民党にしっかりレク（レクチャー）すれば刺さるはずだ、と思ったんです。それで自民党総裁だった谷垣禎一さんや麻生太郎さんにレクしに行きました。

安倍晋三さんの懐刀で自民党参議院議員の西田昌司さんは、西部邁門下で僕の兄弟子にあたります。彼が「藤井さん、やっぱり安倍さんに会わなあかんのや。あの人を総理にするつもりなんや。だから来てくれ」というのでレクしに行った。すると安倍さんは、僕のことをすごく気に入ってくれたようでした（笑）。

２０１２年5月ころの話です。安倍さんの勉強会に呼ばれたり、非常によく話を聞いてくれました。忙しい政治家はどうしても耳学問になると思いますが、僕の主張が当時の自民政治家のニーズにうまく合っていたように思います。民主党の「コンクリートから人へ」なんておかしいという点では二階俊博さんが「やっぱりインフラだ」と乗ってくる、財政政策でデフレ脱却という点では安倍さんが乗ってくる、という感じで。

田原　それで安倍さんから直接、参与になってくれといわれたんですか？

藤井　そうです。総裁選前からアドバイスして、12年末の衆院総選挙の翌々日だったか、おめでとうございますと自民党総裁室に申し上げに行きました。そのとき「藤井君に参与になってもらいたいんだけど、いい？」といわれ、「もちろんお引き受けいたします」とその場でお答えしました。

12年12月に誕生した第二次安倍内閣の根幹は、マスコミが名付けたアベノミクスと国土強靭《きょうじん》化。つまり僕のアイデアがほとんどそのまま採用されています。安倍さんが最初に強調していた「危機突破内閣」なんてもうほとんど誰も覚えてないと思いますけど、僕が出した言葉です。

具体的な成果は、12年の15か月予算（12年度補正と13年度予算の一体編成）の補正予算10兆円、3年で7兆円の国土強靭化の緊急予算、それに消費増税の2回延期などでしょう。もちろん僕だけがやったことではないけれど、それでもやはり率直にいって、僕がいなかったらなかったことじゃないかと思います。

ただその後、僕が提案した財政・金融・インフラというアベノミクス3本柱のうち、財政・金融は残りましたが、**3本目のインフラによる成長戦略という矢が、竹中平蔵さんの意見を受けて「構造改革」に変質していったん**です。それは本当に残念なことでしたね。

安倍内閣の内閣官房参与として6年間首相、政治家、官僚にMMTをレクしまくった

田原　内閣官房参与というのは、どんな仕事?

藤井　内閣のアドバイザーですが、**ようするに安倍首相のアドバイザー**。アポをとって総理にレクするのがメインの仕事です。僕が「こうしたら」と提案し「いいね」となったら、安倍さんの意見も入れてペーパーをつくる。それを二階俊博・自民党幹事長や各大臣のところに持っていき、首相補佐官の今井尚哉《たかや》さんあたりとも調整しながら合意をつくっていく。

僕の仕事は、官僚・政治家・学者・言論人が4分の1ずつといった感じの動き方で

した。たとえば政治家的なところは、役人に「この問題ちょっと調べてくれへんか」というと、すぐ資料を作って届けてくれました。

とんとん拍子で話が進んだ例は、たとえばリニア新幹線全線開業の最大8年前倒し。「財投（財政投融資）でやれば財務省も嫌がらないから、すぐいけますよ」と総理のところに持っていったら、「ああ、そりゃいいね。すぐやろう」となった。

田原　官邸に部屋があるの？

藤井　官邸向かいの8号館という建物にあります。そこに週3～4日、当時は大学より長くいましたね（笑）。国土強靱化の担当座長は今も続けていますが、これは全省庁にまたがる仕事。経済財政諮問会議が出す「骨太の方針」の文言調整も僕の大きな仕事でした。きわめて重要な肝となる方針の文章を6年間かけて少しずつ改善していき、プライマリーバランス規律の記述も改めました。

安倍内閣で6年間、これからお話しする財政政策やMMT（現代貨幣理論）について、僕は連日いろいろな人に必死でレクしまくりました。

田原　反応はどうだった？

藤井　安倍内閣は、安倍さんや菅義偉《すがよしひで》さんはじめ基本的に「反緊縮」の考え方をする人が多かった。でも、みなさん「藤井君のいう財政政策が必要だ。ＭＭＴでいいと思う。でも、まだ一般的とはいえない経済理論だ。それをいうとメディアにたたかれるし、選挙で負けちゃうかも。だからいえないんだ」というようないい方をされる。

理解はかなり進んだと思いますが、逡巡《しゅんじゅん》する人がまだまだ少なからずいる状況だと思います。

田原　わかった。そこで本題。日本は、90年代初頭のバブル経済崩壊以来デフレが続き、「失われた10年」といわれたのが、やがて「20年」になり、２００８年のリーマンショック、11年の東日本大震災をへて、経済的な地位をどんどん下げてしまった。**バブルのころ、日本は一人あたりＧＤＰ（国内総生産）でアメリカを抜き**、さまざまな経済指標で**世界トップクラス**だった。いまは多くの指標が〝先進国クラブ〟のＯＥＣＤ（経済協力開発機構）で二十何位といった位置なんだ。

藤井　そうです。日本のＧＤＰの世界シェアは、90年代に2割近かったのが、05年に10％となり、いまは5％台後半まで落ちてしまった。依然として世界第3位ではあるけれども、**一人あたりGDPは33位。これは60年代の水準**です。

田原　12年暮れに始まった安倍内閣のアベノミクスは当初好調に見えたが、インフレ目標2％は達成できず、デフレ脱却も思うように進まない。活況を呈して人手不足が叫ばれたのは、2020東京オリンピック・パラリンピック関連の土木建設くらい。

そこへ20年2月、突如として新型コロナウイルス感染症が襲い、〝未曾有《みぞう》の国難〟とすらいわれるたいへんな閉塞状況にあります。

藤井さんは、いま日本にもっとも必要な経済政策は何だと考えますか？

あまりあれこれ取り上げてもしょうがない。三つか五つか、これという重要な問題を提言してもらい、それを次章以下で詳しく議論していきたい。どうですか？

いますぐやらなければ間に合わない！
提言1　プライマリーバランス規律を撤廃せよ！

藤井　僕がもっとも緊急に必要と考え、このところずっと与野党を問わず政治家たちに提言し続けているのは、第1に**「プライマリーバランス規律の撤廃」**です。

ご承知のように、プライマリーバランスとは、国の「基礎的財政収支」のこと。政府の一般会計で「歳入総額から国債発行など（借金）による収入を差し引いた金額」と、「歳出総額から国債費（償還費）などを差し引いた金額」のバランスを見たものですね。

田原　プライマリーバランスがプラス（黒字）なら、政府は国債の発行に頼らず国民の税金で必要な支出をまかなえる。マイナス（赤字）なら、国債の発行に頼らなければカネが不足する。

日本はプライマリーバランスがずっとマイナス続き。その累積が国の長期債務で、いまや1200兆円に膨《ふく》れ上がった。だから日本政府は「プライマリーバランスの黒字化」を重視して、当面の目標に掲げている。

藤井　それが、借金を増やしすぎないための財政規律だ、というのですが、**その財政規律で日本は身動きが取れず、多くの政策が中途半端になっている。**

コロナ禍のいまは、**このルールの撤廃、当面の凍結が断じて必要**です。これは、**す**

べての経済政策に優先する「大前提」と考えなければなりません。

田原　提言1は、プライマリーバランス規律の撤廃。これに縛られることなく政府がカネを出せるようにする。

では、そのカネは、いったい全体どこから持ってくるのか？　あとで議論しますけど、それはMMTが教えるように借金すればよいのだ、とこういう話ね。

藤井　おっしゃるとおりです。ただ、国債を「借金」といってしまうところに大きな誤解の根があるのですが、それについてはのちほどお話ししましょう。

いますぐやらなければ間に合わない！
提言2　新型コロナ終息まで「消費税0％」にせよ

藤井　第2に**「消費税0％」**です。いま税率10％ですが、コロナ終息までという期間限定で0％にすべきです。つまり、すべてのモノの価格を現在の10％引き、1割引きにします。コロナに苦しむ人びとは、米やパンを買うにも四苦八苦している。この生活を補助し消費を喚起して国民経済を救うのが、消費税0％（消費税の一時凍結）です。カネを配る必要がなく、モノの価格が下がってモノが売れるから、企業を救うことにもなります。

あとで詳しくお話ししますが、じつは**消費税増税こそが〝デフレの元凶〟**です。**デフレのとき消費税の税率を上げては絶対の絶対にダメ**なのです。とはいえインフレのときは上げても構わないのですが。なので、これは時限措置ですね。いわば一時的に「消費税凍結」をせよ、という提案です。

田原　提言2は、消費税0％。これは非常にわかりやすくて、インパクトがきわめて大きい。選挙の一大目玉政策となるね。

実際、2021年10月21日に衆議院議員の任期が満了する。解散しようがしまいがその日までには、衆議院選挙が必ずあるのだから。

消費税の使途は、年金・医療・介護の社会保障給付や少子化に対処する経費に使うことになっているけど、別に福祉や社会保障を削るわけではない。消費税0％にする代わりの財源は、やっぱりMMTによれば国債でいい。

いますぐやらなければ間に合わない！
提言3　企業に収入が減った分ほぼ全額を「粗利補償」せよ！

藤井　第3に、**企業に対する「粗利《あらり》補償」**です。

これまで雇用調整助成金、持続化給付金、家賃支援給付金、旅行・観光業にGoToトラベル事業、飲食店にGoToEat事業、営業時間短縮の要請に応じた飲食店に時短営業協力金など、支援金や補償金をバラバラに出している。国と自治体が出したり、重複したりするし、業界や業種によって不公平も大きい。同じ書類の電子データを何か所にも出す必要があるなど、申請手続きも煩雑です。

田原　東京のある商店街で聞いたのは、夜8時に閉める居酒屋には21年1月8日から2か月で協力金が350万円以上出る。夫婦二人が自宅1階でやっている小さな店にも出るから、その2か月だけで例年より200万円以上、収入が増える。そのことを揶揄《やゆ》した商店と居酒屋のオヤジが罵りあいのケンカになった、と。

藤井　だから、昨年度の確定申告で確かとわかる粗利（売上高から売上原価を引いた額）に対して、収入が減少した分を申告してもらい、それに対して100％なり80％なりを一律に補償するのです。これも当然コロナ終息までの期間限定です。

人件費・家賃・水道光熱費・減価償却費・旅費交通費・通信費などの**経費（販売管理費）は粗利から支払われますから、粗利補償は倒産を防ぐ**ことになります。売り上げ規模に応じた補償だから、バイトを何人も雇っている大きな居酒屋にも夫婦二人の小さな居酒屋にも、それぞれに見合った額が出て、不公平になりません。

田原　日本では、子どもが小さくて離婚した母子家庭や、バイトで学費を稼ぐ学生といった弱者が、いち早くクビを切られて難儀している。これは？

藤井　粗利補償では人件費も補償するから、失業を防ぎますし、賃金を守ることもできる。とにかくいま苦しんでいるのは公務員と大企業勤め以外の人。とくに中小零細企業でパートやアルバイトで働く人たちでしょう。年金暮らしの人や生活保護受給世帯の収入は、新型コロナでは減りませんから。

田原　提言3は、粗利補償。欧米各国では収入減の8割くらいの所得補償を出している。これに対応する補償を日本でもやろうということね。

いますぐやらなければ間に合わない！提言4　医療、デジタル、巨大災害対策など未来を拓く「危機管理投資」をせよ！

藤井　第4に**「危機管理投資」**です。「未来への投資」といってもよいでしょう。

これは、新型コロナが終わったらパタンとやめるものではなく、中長期に続くものです。優先順位をつけて、緊急性の高いものから、できる範囲でやっていくべきだと思います。

必要性が大きいと思われるところをいうと、感染対策や医療・介護システムの強靭化。デジタルデバイド（所得格差などで生じるデジタル格差）解消、役所への届け出の簡素化、テレワーク推進などにつながるデジタル化。ここ数年台風災害が相次ぎ、21年2月に福島沖でマグニチュード7・3の大地震がありましたが、地震や台風などへの防災や強靭化。そしてもちろん、近年高まりつつある地政学的な各種脅威への対応――といった投資でしょう。

田原　ただ土木建設メインでインフラをつくる公共投資ではない？

藤井　もちろん土木インフラは重要ですが、インフラにはハードなものからソフトなものまである。日本は司令塔機能が弱いといわれますね。司令塔を立て直し、危機管理能力を高め、有事への対応能力を抜本的に増強する必要があります。

だから、単なる未来への投資というより「危機管理投資」です。感染症パンデミック（世界流行）から、日頃いわれている巨大災害、さらに国家安全保障に至るまで、危機管理能力を増強していく投資が、いろいろ考えられるでしょう。

以上四つが、いま日本で緊急に必要な経済政策だ、と僕は考えています。

いますぐプライマリーバランス規律を撤廃しなければ何も始まらない！

藤井　「四つの提言」を申し上げましたが、一言付け加えるとすれば、**一つめのプラ**

藤井聡による「4つの提言」

提言 1

「プライマリーバランス黒字化のため政府支出を毎年必ず抑制していく」という「財政規律」を撤廃する

→第 2 章 56 ページ

日本経済あってこその財政問題。いま、借金を増やしすぎないための財政規律によって身動きがとれず、多くの政策が中途半端になっている。

提言 2

コロナ終息まで「消費税0%」とする

→第 3 章 118 ページ

じつは消費税増税がデフレの元凶。期間限定の税率0%でモノの価格を下げれば、国民の暮らしを助け、消費喚起で企業も助けることになる。

提言 3

コロナ終息まで企業に「粗利補償」をおこなう

→第 4 章 178 ページ

粗利から人件費や家賃などが支払われるので、倒産や失業を防ぐ効果がある。さらに売り上げ規模に応じた補償だから、不公平にならない。

提言 4

「危機管理投資」で日本の未来を切り拓く

→第 4 章 185 ページ

感染対策、医療・介護システムの強化、デジタル対応、巨大災害対策など、緊急性の高いものから、中長期にわたって投資していくべきだ。

イマリーバランス規律撤廃は、残り三つのすべてに共通する大前提という考え方です。

田原　プライマリーバランスの規律撤廃がはじめの大きな一歩、ということね。

藤井　そうです。その一歩を踏み出さないかぎり、消費税0％はおろか5％減税もないし、所得補償につながる有効な施策も、未来につなげる危機管理投資もない。すべての政策が中途半端のまま、実現不可能になって終わってしまう。

そもそもいま、政府にとって「プライマリーバランスのルール遵守《じゅんしゅ》」というものが、何もやらないことの根拠、何もせずにサボっていることの都合のよい言い訳になっているんです。だからプライマリーバランス規律を撤廃しなければ、政府の無作為が延々と続き、日本経済は間違いなく、どんどんダメになっていきます。

とりわけいまは非常時なんだから「財政規律が大事だ」「プライマリーバランスのルールを遵守しなければ」などと悠長に構えていると、日本の未来が失われてしまう。いくら借金があろうがなかろうが、日本がつぶれてしまったら意味がありません。

日本経済があってこその日本政府の財政問題であり財政健全化なのだから、日本経済を守ることが、何よりも優先されるべきです。いわば、僕の申し上げた提言こそが

朝まで生婚活!!

日本経済とか政治どうこうより…
キャピ♡♡
ケッコンしたい♡
若い読者代表でーす☆
彼氏がほしい独身マンガ家若林杏樹です…♡
どんな男がいいんだ?
と〜ぜんっ
金持ち♡
ほう…
そこで聞きたいどうやって金持ち探すんだ?
わかんねー!!若い男はたいていビンボーだー
ガーッ
ちがう!!
日本経済どうすればよくなる!?
考えろっ!!
答えは僕のMMTの中にある!!

マンガ

若林杏樹(わかばやし・あんじゅ)

漫画家。新卒で私大職員として5年間働くも、長年の夢を叶えるために脱サラし漫画家に。SNSを営業ツールに駆使し、全くの無名、ツテなしから天才美少女漫画家として赤丸急上昇中。

本書では、田原さん、藤井さんの激論を「33歳、独身、婚活中」の自身の目線で描いた。ニックネームは、あんじゅ先生。

https://twitter.com/wakanjyu321

〝真の緊急事態宣言〟なんです。

田原　逆にいうと、非常時対応なんだから、新型コロナの状況に応じて規模を減らしたり、やめていったりすればいいんだ。

藤井　はい。永久に続けろなどとは、いっていません。**短期に全集中で四つの提言をやれば、日本経済は確実に復活できます**。ですから、政治はぜひ最初の大きな一歩を勇気を持って踏み出してほしい。

いまや**政治の争点は、「保守か革新か」や「右か左か」ではない**。そうではなくて**「緊縮財政か積極財政か」、あるいは「緊縮か反緊縮か」という選択のほうが圧倒的に重要です**。日本は、そんな新しい対立軸の時代に入ってきたと僕は考えています。

田原　藤井さんの考えの大筋はわかった。ただ、四つの提言に対しては、実現できれば誰もがいうことなしだろうけど、まだ多くの人が半信半疑で、現実にはできっこない、夢物語みたいなものだ、と思っているでしょう。

次章から提言順に取り上げて徹底的に議論したい。藤井さんの主張の根拠をどんどん示して、読者を納得させてください。

藤井　わかりました。

第2章

「国家の借金」と「家計の借金」を同列にする困った人々

政府が財政破綻するというのは「完全にデマ」である

田原　この章では、藤井さんが掲げる「提言1　プライマリーバランスの黒字化にこだわるのをやめよ」、という問題を中心に話したい。

２０１２年暮れに首相に返り咲いた安倍晋三さんは13年春以降、黒田東彦《はるひこ》・日銀総裁と組んで「異次元の金融緩和」をやった。政府がお札を刷り、日銀が市中の国債はじめ株式や債券をガンガン買い入れ、出回るおカネを増やし、インフレターゲット２％を設定して、内需を拡大させようとした。「機動的な財政政策」で公共事業もやった。「成長戦略」と合わせて、アベノミクス三本の矢で日本経済をよくすると。

ところが『日本銀行「失敗の本質」』という本を書いた朝日新聞の原真人《まこと》編集委員によれば、その結果、日本の長期累積債務は１２００兆円、ＧＤＰ比で２２０％に膨れ上がった。このままいけば間違いなく財政破綻で「第二の敗戦」だ、早ければ

2025年にもそうなるという。藤井さんの反論を聞きたい。

藤井　その話は**完全にデマ**です。いたずらに危機を煽《あお》って人を不安にさせて注目を集めようとしているに過ぎません。本を買って嘘を読まされた人は、賠償請求をしなければいけないくらいです。

なぜか？　簡単なところから申し上げますと、財政破綻論者は、かつて政府の累積債務がGDPと同じ水準に達すれば破綻するといった。800兆円になったらとか、1000兆円を突破したらとか、ずっと「破綻する。破綻する」といい続けてきた。にもかかわらず、**日本政府はまったく破綻していない**現実があります。

そして、理論的な視点から説明するとすれば、彼らはいろいろなところで間違っていますが、**最大の間違いは、「破綻する。破綻する」と叫んで財政を緊縮させ、景気をますます悪化させ、その結果、税収が減って財政を悪化させてしまっている**ところです。つまり、原さんたちが心配で心配でしかたがないといっている財政悪化という状況を作っているのは、他ならぬ彼ら自身なのです。彼らが騒がなければ国債をもっと出して政府支出を増やしたり消費税を減税・凍結したりでき、それを通して経済がよくなって、財政問題が自ずと解消するのですが、彼らが騒ぎ立てることで、そういう改善プロセスを邪魔してるんです。これが彼らの最大の間違いです。

田原　21年1月末の朝日新聞に、原編集委員は「金融緩和、出口見失った日銀　重なるベトナム戦争の泥沼」という記事を書いていた。

黒田総裁は異次元緩和を2年間の短期決戦と説明したのに、8年近くたっても出口戦略がない。こうも泥沼化させたのは日本政府のひどい財政状況で、世界最悪水準の借金依存がさらに悪化。日銀がお札を刷り国債を買い支える「打ち出の小づち」が、どこまで持続可能か誰にもわからないと。

政府の借金が雪だるま式に増え続けてよいはずがない、といいたいわけね。これは**世の中の〝常識〟といえば常識**でしょう。

藤井　おっしゃるとおり。しかし、**重要なのはその常識こそが間違いだ**という点。そもそも原さんは、ある意味で的確な意見を開陳している。それは〝ミスター財務省〟の主張です。

政府の借金は理屈抜きに悪い。でも、1000兆円超もの借金を一気に返すのは無理。だから、とにかくプライマリーバランス黒字化で単年度の借金をなくし、増税もして、借金を減らす方向に持っていかなければならない。

こういうのがいま世間の常識になっていますが、これこそ完全に間違った考え方。その〝常識〟が間違っているんです。

「コロナ禍は有事である」という発想がない！

田原 日本の〝常識〟をもう一つ。20年4月に安倍晋三首相が新型コロナで緊急事態宣言をした。僕は一対一で会って「緊急事態宣言は、なんで欧米に2か月以上も遅れたんですか？」と聞いた。

マスコミがずっといってきたのは、日本の財政状況は先進国でも最悪で、このままいけば10年くらいで政府が財政破綻しかねない。ここで緊急事態宣言をすれば、100兆円200兆円というカネが必要になる。ほとんどの閣僚、与党公明党、野党は、「そんなことをすれば財政破綻を早めるだけだ」と反対した。

藤井　安倍さんはちょっと違う考え方だったと思いますけれども、結果的にはそうで反対が通った。

田原　でも、財政事情が必ずしも日本よりよいとはいえそうにない国でも、ドカンとカネを出している。ようするに彼らは「これは有事だ。戦争と同じだ」と。「有事を放っておいたら国がつぶれてしまう。いまは財政の健全性なんて考えているときじゃない」と対応した。

日本は戦後、戦争をやらず、有事が起こらないことを大前提として生きてきた。有事の発想がないから、有事には平時のルールを破ってもよいのだという考えもない。ルールはルールで、いつだって守らなければならない、とこうなるわけね。

日本以外の国は、緊急事態に違反した場合の罰則規定がある。日本だけがありません。なんで罰則規定がないんだと安倍さんに聞いたら、「田原さん、罰則規定なんか作ったら政権がもちません」といった。つまり、国民のなかにも、やっぱり有事という発想がないんです。

アメリカもEUも青天井で個人、企業を支援しているのに、日本は正反対の政策をやっている

藤井　しかしながら、もし20年4月の段階で、安倍さんが徹底的な政府補償を提供することができ、「緊急事態です。徹底的に自粛してください。そのかわり毎月20万円を配ります。毎月必ず払います」といったとしたら、国民はほとんど何の文句もいわずに自粛したでしょう。実際、ヨーロッパの国ぐにもアメリカも、それに近いことをしています。63ページで紹介する諸外国のコロナ不況対策をご覧ください。

EU各国は20年3月末までに事実上「財政規律の凍結」を宣言しました。いわば、**僕の「提言1」をコロナ禍が始まった瞬間に実現させているん**です。そもそもEUは、域内各国に財政赤字をGDPの3%以内に抑えるよう義務づけ、きりきり遵守を求めていたんですが、これを停止。財政規律を棚上げにして、企業や個人への支援や新型コロナ感染対策などを、青天井で実施できるようにしました。

先進国も開発途上国も、多くの国が消費税の減税を断行しています。しかも20年4月や5月から始めています。日本では、各国はこうしているという報道すら見かけませんでした。いったいマスコミは何をやっているんだ、と思いましたね。

田原　日本とは、まったく逆なんだ。

藤井　逆です。日本では同じ時期、麻生太郎財務大臣がプライマリーバランス規律に関する国会答弁で、驚くべきことに「堅持する」と断言したんです。このときの目標は、25年度のプライマリーバランス黒字化です。

これを堅持する以上、仮に緊急事態宣言の期間限定とはいえ、毎月20万円なんて到底、支払うことができない。10万円を1回出せばそれっきり。カネを払えなければ、経済は回復しない。しかも政府がカネを払わないからコロナ病床も増えず、感染が少し拡大しただけで医療崩壊が叫ばれ、緊急事態宣言がすぐ出され、ますます経済は冷え込む。**政府がプライマリーバランスを守り続ければ、何重もの意味で経済が冷え込むんです。**

諸外国では2020年に
徹底的なコロナ不況対策をしている！

① EU：3月末に財政規律の凍結

②多くの国で、所得損失を補填（約8割を補償）

③多くの国で、消費税減税

国　名	付加価値税減税の内容	期　間
オーストリア	接客業・文化関係など 10%→5%	7月1日～年末
ベルギー	ホテル・レストランなど 12%→6%	6月8日～年末
ブルガリア	レストラン・書籍など 21%→10%	7月1日～年末
コロンビア	接客業・レストランなど 8%→0%	5月25日～年末
コスタリカ	標準税率 13%→9%、文化イベントなど7%	調整中
キプロス	ホテル・レストランなど 9%→5%	7月1日～21年1月10日
チェコ	宿泊・スポーツ・文化関係など15%→10%	7月1日～年末
ドイツ	標準税率 19%→16%、軽減税率 7%→5%	7月1日～年末
ギリシャ	公共交通・運輸など 24%→13%、ホテルなど9%	6月1日～10月末
ケニア	標準税率 16%→14%	4月1日～未定
リトアニア	ホテル・レストランなど 21%→9%	～年末
モルドバ	ホテル・レストランなど 20%→15%	5月1日～年末
ノルウェー	映画・ホテル・公共交通など 12%→6%	4月1日～10月末
トルコ	ホテル・国内航空券など 18%→1%	4月1日～11月末
ポルトガル	マスク・消毒剤 23%→6%	4月～
英国	飲食・観光業など 20%→5%	7月15日～21年1月12日
ウクライナ	文化イベント 20%→0%	4月発表～年末
韓国	個人事業主の付加価値税納税を減額・免除	年末まで
中国	中小業者の標準税率 3%→1%	5月～年末

出典：Avalara社のウェブサイトや各国メディアの報道をもとに作成

プライマリーバランス堅持で、日本だけが回復できず 諸悪の根源は財務省である

田原　各国の徹底的なコロナ不況対策の成果は？

藤井　65ページのグラフと表をご覧ください。**フランスは一目瞭然のV字回復**をしています。載せていませんが、アメリカも同じようなグラフです。

G7各国の20年第2四半期と第3四半期のGDP実質成長率を比べ、どのくらい回復したか――新型コロナ第1波による20年春の経済落ち込みが夏までにどうなったかを見ると、驚くべきことがわかります。**なんと日本は7か国中、**経済的な落ち込みがもっとも小さかったにもかかわらず、**もっとも回復できなかった**のです。

田原　消費税を下げるでもなく、給付金も少なかったからですね。おまけに布製マスクを全世帯に配るなんて、とんちんかんな施策を、大騒ぎでやっていた。

藤井　財務省が愚かなのは、経済をダメにして財政基盤を破壊していることに、彼ら

フランスはV字回復している!

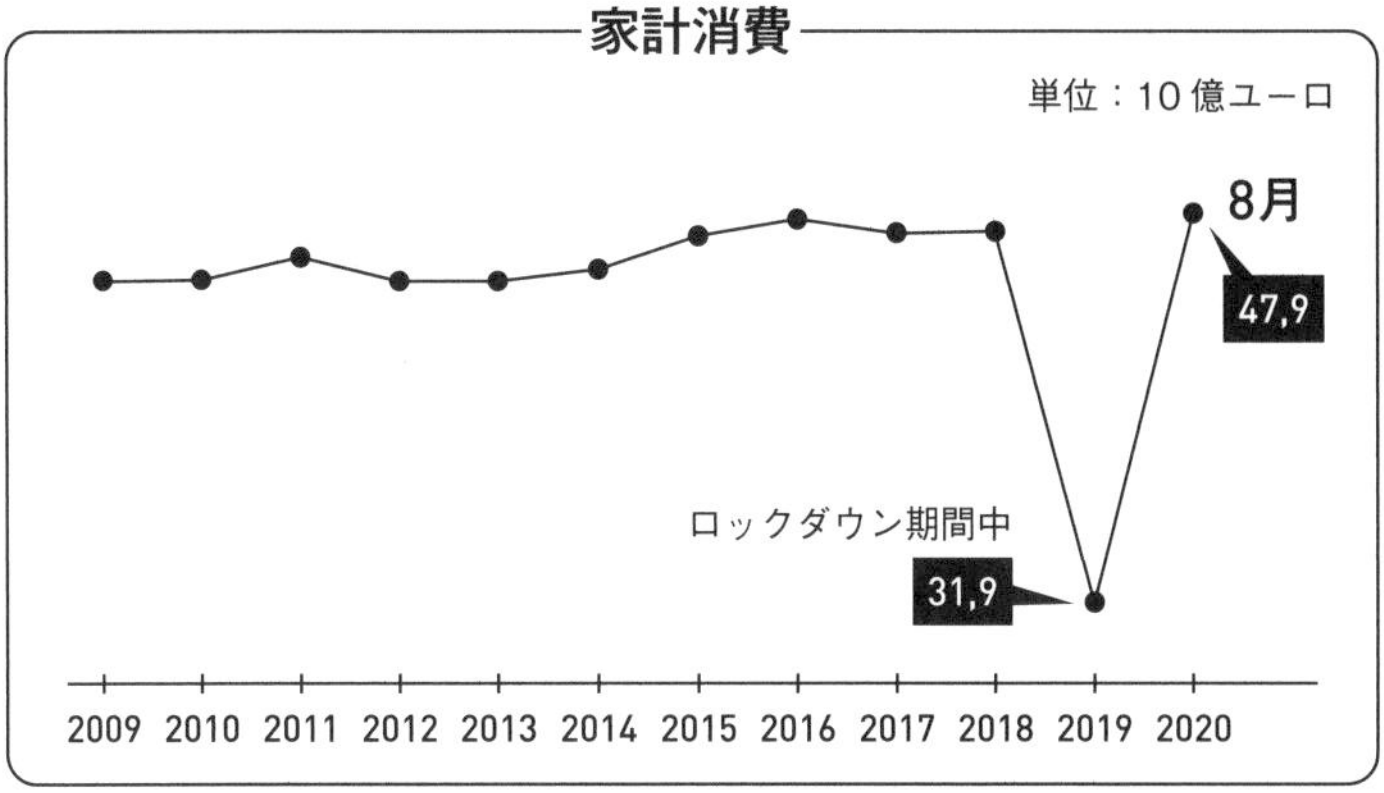

出典：France 2 （https://www.france.tv/france-2/journal-20h00/1919061-edition-du-lundi-7-septembre-2020.html）

しかし日本は プライマリーバランスにこだわり、減税せず給付も少なく、回復していない

G7各国の2020年4-6月期、7-9月期の実質成長率と、回復レベル

	(A) 4-6 実質成長率	(B) 7-9 実質成長率	-(B) / (A)
イギリス	-18.8%	16.0%	回復度 85%
フランス	-13.8%	18.7%	回復度 135%
イタリア	-13.0%	15.9%	回復度 122%
カナダ	-11.3%	8.9%	回復度 78%
ドイツ	-9.8%	8.5%	回復度 87%
アメリカ	-9.0%	7.5%	回復度 83%
日本	-8.3%	5.3%	回復度 64%

※日本は4-6月期の経済下落率はもっとも小さかったのに、
もっとも回復していない国であった

自身が気づいていないという点です。

田原　どういうこと？

藤井　出すカネを絞って**緊縮をすればするほど、消費税を増税すればするほど経済がダメになって最終的に税収が減る**んです。すると日本政府の財政赤字が増えていく。

彼らがプライマリーバランスの赤字を減らそうとすればするほど、逆にプライマリーバランスの赤字が増え、累積債務が膨らんでしまう。財務省はそんな、まことに愚かなことをやっているんです。最悪ですよ。

田原　諸悪の根源は財務省？　財務省のプライマリーバランスへの執着？

藤井　そうです。日本がG7でもっとも回復できなかったのは、プライマリーバランスが安倍内閣のくびきとなって、さまざまな政策を強力に制約した結果です。

結局、財務省問題が、じつは日本という国の宿痾《しゅくあ》となってしまっています。

長期政権を築きたい安倍さんは、国内で財務省、国外でアメリカという二大スーパーパワーに、最終的には「逆らう」ことができなかった。そのことで、安倍政権下の日本はがんじがらめになっていた、というのが僕の世界認識です。

アメリカとの関係については、あとでお話しする機会があるでしょう。

「官庁の中の官庁」財務省 その権力の源泉はどこにある？

田原　プライマリーバランスの問題に関連して、ここで財務省の問題に触れておくほうがよさそうです。日本の省庁でダントツの存在は財務省。大卒でいちばん優秀な者は財務省に入る。戦後、大蔵省は「官庁の中の官庁」、大蔵官僚は「官僚の中の官僚」と呼ばれ、彼らは「われら富士山、他は並びの山」と言い放った。これは財務省と名前を変えても、変わらないように見える。

財務省を「日本という国の宿痾」と表現した藤井さんは、何が財務省の権力の源泉だと思いますか？

藤井　やはり財布――予算を握って、それをつける権限を持っていることでしょう。「財政＝政治」だから、財政を押さえられると、やりたいことが何もできない。何をするにも、彼らの機嫌をとっておかなければならない。

田原 地方の政治家が新幹線を引っ張ってきたい、高速道路を通したい、橋を架けたい……。開発や整備、なんでもそうだね。

藤井 だから財務省に頭を下げる政治家ばかりになるんです。しかも財務省は他省庁の予算をつけるから、その他官庁の官僚たちも頭が上がらない。

田原 90～91年ころ日本のバブル経済が崩壊した。不動産価格がドーンと落ち込み、株価も下落。銀行は企業に大量のカネを貸し込んでいたから、担保が縮小して焦げ付きが起こる。債権が不良債権となってしまう。そこで当時の宮澤喜一首相は92年、公的資金を金融機関に入れようとしました。

ところが、大蔵省が猛反対した。公的資金を入れるということは、大蔵省の政策が間違っていたと認めること。しかし、断固として認めない。「官僚の無謬《むびゅう》性」というやつです。大蔵省が反対しているものに、銀行や財界が賛成するはずもない。全国銀行協会会長は「銀行経営は健全で、公的資金なんて必要ありません」と大嘘をいった。マスコミもバカだから、こぞって反対した。

宮澤喜一は僕に「田原さん、この国では総理大臣より大蔵省のほうが、はるかに力があるんです」と嘆いて、ため息をつきました。宮澤さんが注入しようとした公的資金は6～7兆円。あのときやっておけばよかった。後に橋本龍太郎政権が用意した公的資金枠は〝10倍〟の70兆円ですから。

日本は「財務省の暴走」で二流国に転落した！

田原　宮澤首相のつまずきで、やっぱり「官僚主導」から「政治主導」に変えなきゃダメだ、といちばん強く思ったのが小沢一郎さん。細川護熙《もりひろ》政権でやろうとしたが、できなかった。民主党政権時代には、官僚は国会で発言できなくなって、事務次官会議も中止。安倍さんは野党時代、これを注視していたね。

藤井　そうです。いまだ日本はその産みの苦しみのなかにある、と思います。
官僚の暴走といいますが、財務官僚以外の官僚は、たいして暴走していませんよ。〝財務省の暴走〞によって、日本はかくも二流国に転落してしまった。これは比喩でも何でもなくて、単なる「事実」です。彼らが財政を締め上げなければ、デフレ不況対策がしっかり可能となり、経済は成長し、財政基盤も完全に回復した。ところが彼らが財政を絞り続けたので、デフレが続き、二流国に転落したのです。これはもう、理性的な論者ならば誰も否定できない真実です。

だからこそ、官僚主導ではなく政治主導が必要です。ただ、「脱官僚」を掲げた民主党がやったのは、どうでもいいような事業仕分け。それどころか、その事業仕分けを仕切ったのは、もっとも押さえつけなければならない〝官僚の暴走〞を繰り返す財務省で、結局、民主党は財務省の手のひらの上で遊ばされて失敗。これを見ていたから、安倍さんは内閣人事局を作ったんです。

田原　第二次安倍内閣。2014年5月30日、内閣官房に設置した。

藤井　そうです。財務官僚を追い出し、経産省主導で戦おうとしたんです。

田原　大蔵省国際金融局長や財務官をやって「ミスター円」の異名をとった榊原英資《えいすけ》さんに、なぜ大蔵省は日本の景気をよくしようとは考えないのか、と聞いたことがある。彼は「そりゃ考えるわけない。省の設置基準にもないし、大蔵省は手元の財布しか見ていない。しいて言えば経済企画庁あたりの仕事」といった。

藤井　ホントにそうなんです。大蔵・財務の役人はみなそうで、**自分たちの緊縮政策や増税運動で日本経済や日本外交がボロボロになっても、誰も責任を感じない**。経済成長の所管は経済企画庁や内閣府だから、俺たちは関係ないよといっている。

しかも、内閣府にも財務省の出向者を送り込んで、「本格的な財政政策をやらない範囲で経済政策をやるように」と〝指導〟を欠かさない。

結局、財政政策なしで経済成長をやろうとしたら、残るのは経済産業省が主導する改革くらい。だから、デフレが加速するなか構造改革だけが進んでいく。

なぜ財務省は方向転換できないのか？

田原　財務省でいちばんダメだと思うのは、森友問題のとき決裁文書を改竄《かいざん》する必要なんてまったくなかった。安倍さんはじめ誰も改竄せよとは命じてない。理財局長の佐川宣寿《のぶひさ》（のち国税庁長官をへて18年3月辞職）が過剰な忖度をしたんです。
でも、彼が決裁文書を書き換えようといったとき、部下の誰一人として、「そんなことは必要ない、やめたほうがいい」といわなかった。だから、財務省官僚の自殺者まで出してしまったんだ。経産省だったら誰か何かいうよね。

藤井　組織内で誰も、ものをいわなくなり、当たり前のことが当たり前でなくなってしまうということが、財務省で起こっていた。

公務員というのは本来、上司の命令に従うだけではなく、ときには国家公共のため上司に「違うじゃないか」といわなければならない。そこが崩れてしまっている。

田原　それがいちばん問題。

藤井　一人ひとりは、頭の中では理解していると思います。財務省から別組織に出向した財務官僚と焼き鳥屋なんかに行くと、「いや、じつは僕、藤井さんの意見に全部賛成ですよ」なんていうのです。ただ、それを口に出すと自分がパージされてしまう。藤井聡の仲間なんて烙印を押されたらおしまい。省内では「藤井はバカだ」といっていなければダメ。やっぱり出世優先で、みんな組織人。

田原　企業でも省庁でも、みんな偉くなりたいんだよ。

藤井　本当にそうです。根が深いのは、財務省にある空気があって、特定の緊縮思想を持つ人が出世し、その思想を持たない人が出世しないということが延々と繰り返された結果、財務省が緊縮財政の思想で凝り固まってしまっていることですね。

田原　**特定のリーダーが命令しているわけじゃないから、かえって始末に悪い。**誰か陰で操っている人間がいるなら、その人物のクビをすげ替えれば、省内の空気が一新されるだろうけど、そうじゃないんだ。

藤井　プライマリーバランスの呪縛が解けて、もっとちゃんと国債を出せるようになれば、彼らだってもっとやりがいが出て断然おもしろくなるはずなんですけど。

財政法第4条というのがあって、「国の歳出は、公債又は借入金以外の歳入を以て、その財源としなければならない」と書いてある。

これはアメリカが憲法9条とセットで日本に押しつけた条項で、日本が国債をやたらに発行して軍事力を強くすることを警戒したからです。

この法律の〝守護神〟が財務省。だから財務省というのは、じつはアメリカの手先みたいなところがあるんですね。この点を踏まえて僕は、本当は財政法第4条を改定するのが筋だと思っています。

ついでに説明しておくと、国債には「建設国債」というのがあって、これは財政法でも認められている。4条のただし書きに「公共事業費、出資金及び貸付金の財源については、国会の議決を経た金額の範囲内で、公債を発行し又は借入金をなすことができる」とあるからです。一方で、「赤字国債」は建設国債とは別で「特例国債」とも呼ばれ、財政法ではなく特例公債法に基づいて、1年かぎりで発行するもの。年度ごとに特例法を成立させて出しています。

田原　戦前は、陸軍省と海軍省に大臣を出さないことで内閣をつぶす力があり（軍部大臣現役武官制）、内務省が強大だったから、大蔵省は第4官庁だった。

ところが、GHQが3省を解体させて、大蔵省がトップ官庁に躍り出た。ヘタをすれば大蔵省も解体されそうだったが、大蔵省はGHQの協力者としてうまく立ち回ったんです。アメリカの手先みたいというのは、当時からずっとそのとおりですね。

「国家の借金」と「家計の借金」を同じだと考えるのはバカである

田原　本題のプライマリーバランスに戻ります。

財務省や多くの経済学者の〝常識〟では、政府の借金は基本的によくない。プライマリーバランスを黒字にし、積み上がった累積債務1200兆円を減らさなければ、日本は10年で財政破綻する。新型コロナに100兆円200兆円を突っ込むなんてとんでもない。――20年4月、安倍内閣の閣僚も政治家もマスコミも、みんなそう考えたから突っ込まなかった。改めて、藤井さんの意見は？

藤井　結論からいいますと、そいつら全員、馬鹿です！　頭が悪いんです!!

田原　なぜ頭が悪いんだよ。そんな言い方はいんちきだ！　ちゃんと説明してよ。

藤井　結論からいいます、と僕は申し上げました。彼らは馬と鹿を取り違えているんですよ。馬は馬であり、鹿は鹿。だから取り違えるのは馬鹿としかいいようがない。

どういうことかといえば、「借金がよくない」「これ以上借金してはならない」と彼らはいう。たしかに、家計の借金ならば、ゼロにしなければいけません。次世代の子どもたちに財産を引き継ぐときは、借金をゼロにするか、できるだけゼロに近づけてから引き継ぐべきですね。

田原 当たり前だ。それが常識ですよ。

藤井 常識です。ところが、政府の借金というのは、年々増えていくものなんです。77ページのグラフをご覧ください。日米英3国の債務残高、つまり借金の累計額が、十七〜十九世紀の昔から今日まで、どのように推移してきたかを示します。

始まりは国の歴史が違うから100年くらいずつずれています。縦軸は対数目盛りで、実際は100万倍に増えていてもグラフに収まるようにしてあります。名目と実質がだんだん近づいていますが、とりあえず無視してください。

いずれにせよ、はっきりわかるのは、日米英3国とも借金の累計額が右肩上がりで増えていることです。将来世代には借金ゼロで引き継がなければいけない、というのがわれわれの常識でした。

日米英すべての国で借金総額は増え続けている

日本

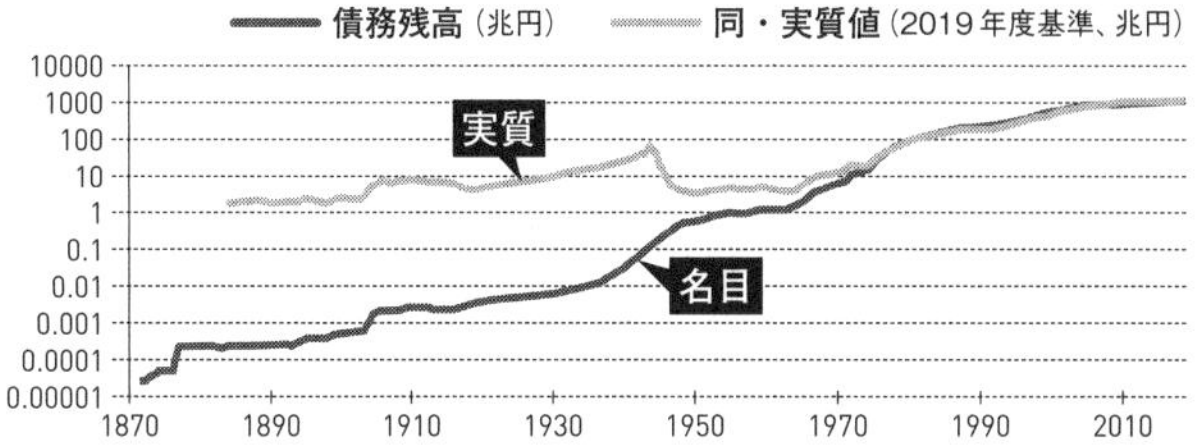

※京都大学大学院藤井研究室博士課程および島倉原・クレディセゾン主任研究員作成（データ出所は財務省、総務省、日本銀行、内閣府及び大川一司他著『長期経済統計　推計と分析＿1．国民所得』）。
※実質値の算出にはGDPデフレーターを使用（1954年度以前はGNPデフレーター。ただし、統計が欠落している1945年度については、前後の企業物価指数の変動を参考としてGNPデフレーターを推計補完している）。

アメリカ

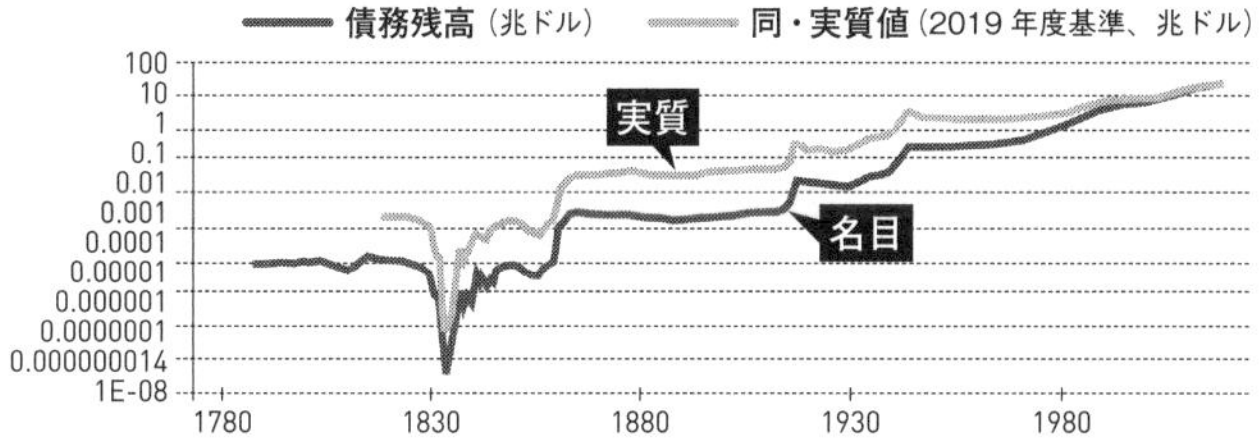

※京都大学大学院藤井研究室博士課程および島倉原・クレディセゾン主任研究員作成（データ出所は米国経済分析局、米国財務省財政業務局及びスーザン・カーター他編『米国歴史統計（ミレニアル版）』）。
※実質値の算出にはGDPデフレーターを使用。

イギリス

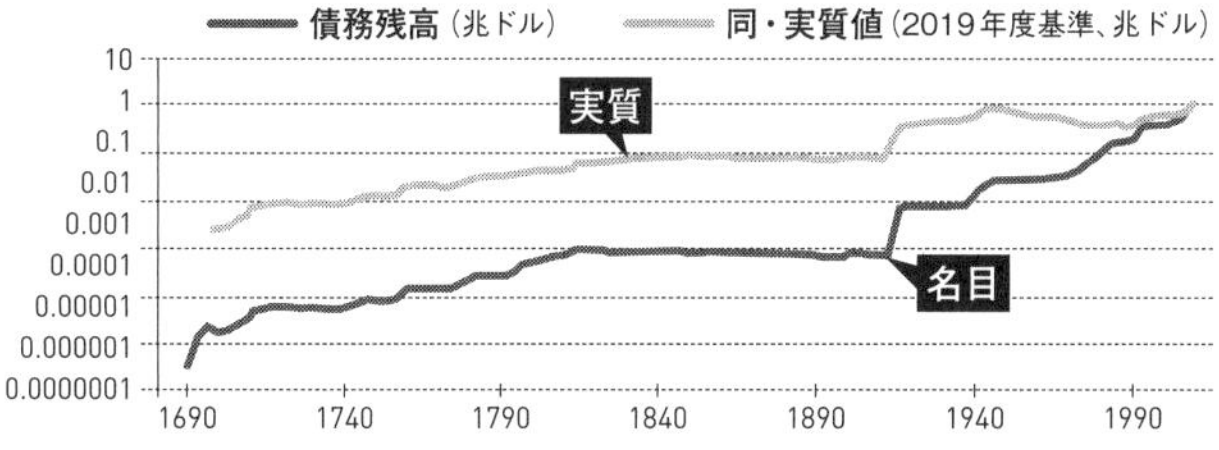

※京都大学大学院藤井研究室博士課程および島倉原・クレディセゾン主任研究員作成（データ出所は英国国家統計局及びイングランド銀行）。
※実質値の算出にはGDPデフレーターを使用。

にもかかわらず、国家というものは、借金をどんどん増やしていくのです。日米英の近現代の歩みを振り返れば、これは否定のしようがない事実なんです。**財政赤字が増えるのは、異常な状態ではなく、正常な状態**と見るしかありません。

田原　日本政府は25年度にプライマリーバランスを黒字にして、その時点での借金をなくそうとしている。

藤井　そうです。でもそんなことをずっとやり続けようとした国はどこにもないんです。このグラフに示したように、借金が右肩上がりで増えているということは、**百数十年〜300年以上ほとんどずっと、プライマリーバランスは赤字の連続だった。これが日米英の真実の姿**です。つまり、今の政府がいっているように**恒常的に黒字にするなんて、あり得ない暴論**に過ぎないんです。

「借金総額が200年300年と増え続けるのは、よくない！」なんていっても、まったく無意味なことは、誰でもわかるでしょう。最初に産業革命をやって七つの海を支配したイギリス、戦後世界をリードし依然としてGDP世界一のアメリカ、ついこの間まで世界第二位の日本の歴史が、明らかにそうだからです。

3国ともつぶれかかったことすらない、世界に冠たる豊かな先進国ですよ。

田原　うん。この歴史的事実は、事実として受け入れるしかない。

中央銀行を持つ政府は通貨を発行できるよって破綻・破産はありえない！

藤井　では、なぜこうなっているのか？　なぜ例外なくどんどん債務残高を増やしていけるのか？

それは、**日米英が国家だから、政府だから**です。ただそう名乗っているだけでなく、**政府がカネを作り出して供給できる機能を持っているから**です。

これがMMT（Modern Monetary Theory）、直訳すると「現代貨幣理論」と呼ばれる**理論の最大のポイント**です。とはいえ、別にMMTなどを持ち出さなくても、そんなことはマクロな金融に関わっているプロの金融マンたちからすれば、当たり前の事実なんですが。

田原　日米英は150年200年300年と借金を増やしつづけ、しかも借金でつぶれてない。借金でつぶれるなら、とっくに財政破綻していなければおかしい？

藤井　はい。日米英3国とも「中央銀行」を持ち、それぞれ円・ドル・ポンドという通貨を発行しています。だから中央銀行を持つ政府は、任意に、いつでもいくらでもカネをつくり出すこと（貨幣の創出）ができる能力と権限を持っているのです。

だから政府はつぶれません。**政府が「自国通貨建《だ》て」の借金によって破綻や破産をすることは、考えられないい**んです。

現代貨幣理論MMTと、それ以外の経済理論との最大の違いは、MMTが中央銀行をその理論の中に含んでいる点です。ふつうの経済理論の経済モデルは、貨幣を供給する中央銀行をモデルからはずしたうえで議論します。貨幣供給者の中央銀行が理論の中に入っていなければもちろん、政府は破綻するリスクが前提となる。これが一般的な経済理論。でも、MMTは貨幣供給者の中央銀行を明示的に想定しているから、政府が破綻するリスクなんてないというのが前提となる。ここが決定的に違います。

田原　ギリシャが財政破綻しそうだ、といわれたのは……。

藤井　**自国通貨を発行できない国はダメ**です。中央銀行をなくしユーロを使っている国は、ユーロを発行できません。ユーロ圏ではドイツにある欧州中央銀行（ＥＣＢ）しかユーロ紙幣を発行できないから、加盟国の小さな政府が破綻してしまう恐れはあります。実際、そうなりかけたこともあります。

小国が自国通貨建てでなく、たとえば米ドルで過大な借金をしてしまった場合も、破綻の恐れはあるでしょう。

田原　個人も家庭も企業も政府も、借金が膨らんでしまったらヤバい、というのがこれまで世の中の常識だった。ところが、そのなかで政府だけは別で例外。なぜならば通貨を発行できるからなんだ。

財務省自ら「自国通貨建て国債のデフォルトは考えられない」と公式ホームページで断言しているではないか

藤井　おっしゃる通りです。多くの方がご存じないけれど、きわめて重大な意味を持つ事実を紹介しておきますと、ほかならぬ**日本国の財務省が、自らの公式ホームページで「日・米など先進国の自国通貨建て国債のデフォルトは考えられない」と堂々と断言**しています（83ページを参照）。

とくに財政破綻論者は、自分の目で確かめてください。英語ページはこうです。

In the case of industrialized countries such as the U.S. and Japan, defaulting on localcurrency denominated debt is unimaginable.

(https://www.mof.go.jp/about_mof/other/other/rating/p140430.htm)

これを直訳すると「日米などの先進国の自国通貨建て国債のデフォルトは考えられない」となります。そもそも日本国債は、日本政府がカネを借りた相手に渡す借用証書。そのデフォルト（債務不履行）は考えられない、と財務省はいっている。日本国債を持っている人が、満期になって政府に国債を持ち込めば、〝必ず〟額面どおり換金してくれます。つまり、日本政府は、〝必ず〟破産も破綻もしませんと財務省はいっているわけです。日本政府にいささかでも破綻の可能性があるなら、「国債のデフォルトは考えられない」なんていえませんから。

財務省自身が「借金で破綻なし！」と断言している

「家庭」は円の借金で『破綻する』が、
「政府」は円の借金で『破綻しない』!!
財務省が実際にそれを認めている。

財務省の公式見解

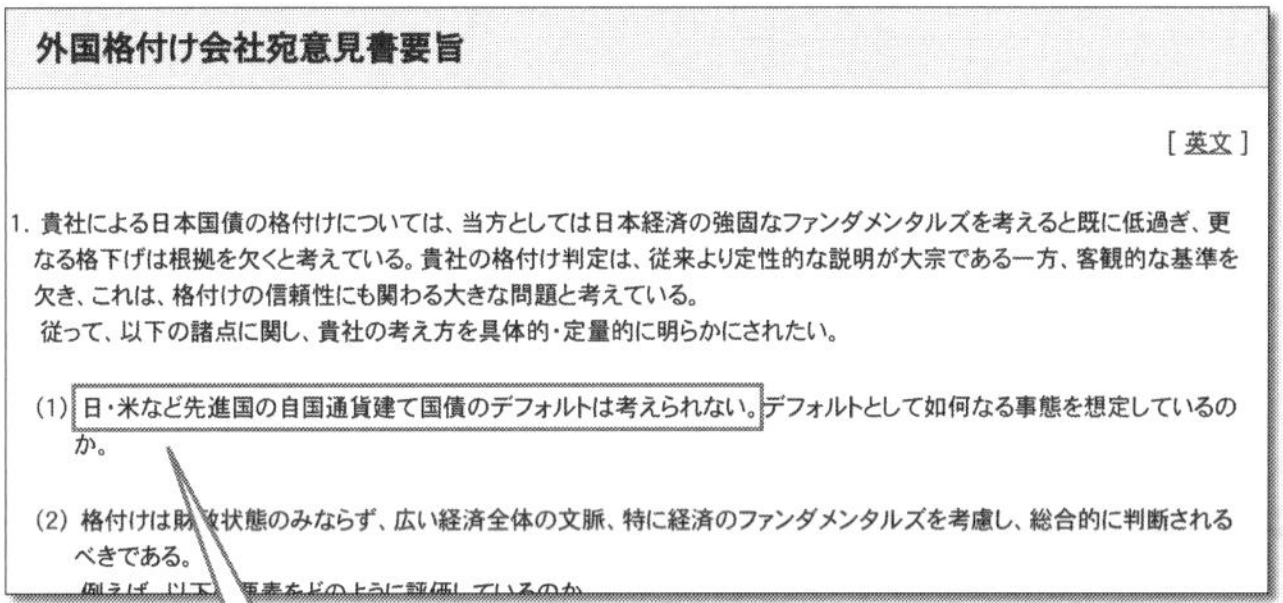

外国格付け会社宛意見書要旨

[英文]

1. 貴社による日本国債の格付けについては、当方としては日本経済の強固なファンダメンタルズを考えると既に低過ぎ、更なる格下げは根拠を欠くと考えている。貴社の格付け判定は、従来より定性的な説明が大宗である一方、客観的な基準を欠き、これは、格付けの信頼性にも関わる大きな問題と考えている。
従って、以下の諸点に関し、貴社の考え方を具体的・定量的に明らかにされたい。

(1) 日・米など先進国の自国通貨建て国債のデフォルトは考えられない。デフォルトとして如何なる事態を想定しているのか。

(2) 格付けは財政状態のみならず、広い経済全体の文脈、特に経済のファンダメンタルズを考慮し、総合的に判断されるべきである。

出典：財務省サイト
https://www.mof.go.jp/about_mof/other/other/rating/p140430.htm

日・米など先進国の自国通貨建て国債のデフォルトは考えられない。

政府は、**自国通貨建ての借金で破綻することなど考えられない**と説明している。

田原　そりゃそうだ。なんなの？　その文書は。

藤井　日本政府の債務がどんどん増えていき、外国格付け会社が、日本国債の格付けを引き下げたことがあります。このとき財務省が「ふざけんな！　国債発行で債務残高が増えたからといって、わが日本国でデフォルトなど断じてありえない」と怒って出したのが、「外国格付け会社宛意見書」という公式文書です。

　おまえのところの日本国債格付けは低すぎるし、これ以上の格下げは根拠薄弱だ。客観的な基準にも欠け、信頼性に関わる重大問題である。日・米など先進国の自国通貨建て国債のデフォルトは考えられない。デフォルトとして如何なる事態を想定しているのか。――その考え方を具体的・定量的に示せ、と申し入れたわけです。

田原　「なぜデフォルトが考えられないか」とは、財務省は説明していないね。

藤井　はい。破綻することなど原理的にありえないなんていうのは、説明するまでもなく常識じゃないかと思っているからです。だから「絶対にデフォルトはない」といい、「それでもデフォルトの恐れがあるというならちゃんと説明してみろ」と格付け会社に要求したんです。

MMTはなぜ、うさんくさいトンデモ理論といわれるのか？

田原　僕は経済には詳しくないけど、2018年ころだったか、MMT（現代貨幣理論）という言葉を聞いて、えっ!?と思った。アメリカの経済学者が「日本はMMTで成功している国だ」といったんだ。女性研究者が国会で講演したのも覚えている。

藤井　まさに18年です。消費税の税率アップをなんとか阻止しなければならないと考えていた僕は、MMTブームを起こそうと画策しました。

MMTの強力な提唱者であるニューヨーク州立大学ストーニーブルック校のステファニー・ケルトン教授を京都大学に招聘して講演してもらい、国会でも講演をしてもらったんです。ビル・ミッチェル、ランダル・レイといった教授たちともコンタクトをとりました。田原さんは当時、MMTをどう見ておられましたか？

田原　日本がMMTの成功例と聞いて、おもしろいとは思った。

でも、財政赤字は一切気にしなくていいというようなこと――つまり、僕が取材したり書いたりしてきた〝常識〟と違うことをいうから、まだ半信半疑だった。異端、トンデモ理論、怪しい、うさんくさいと見ていた人が、少なからずいたでしょう。

藤井　そんな取り上げ方をするメディアも多かったですね。シラー、パウエル、クルーグマンといった主流派経済学者にも批判する声があった。

『根拠なき熱狂』という本で株式バブルや住宅バブルを警告したロバート・シラー教授は「政府がどこまでも財政赤字を無限に続けられるというMMTは、きわめて悪質」と、不道徳や不健全というトーンで批判しています。でも、**こういう批判はすべて誤解**、しかも、**かなり単純かつ素朴な誤解**なんです。

田原　たんなる誤解なの？　説明してください。

藤井　はい。MMTは、シラー先生のおっしゃる「政府は財政赤字を無限に続けていい」とは、主張していません。

MMTは、まず「財政赤字が膨らんでいって政府がつぶれることは、原理的にない」という。ならば「政府がつぶれるから、財政赤字の拡大はダメだ」という話は当然、単なるデマだということになります。

すると「政府が破綻するから、財政赤字を拡大させるプライマリーバランスの赤字はダメだ、黒字にしなきゃいけない」とも、まったくいえなくなりますよね。でも、財政規律やプライマリーバランスをうるさくいう人はみな「政府の破綻を避けろ！」というのが根拠。でも、破綻自体がないのですから、財政規律やプライマリーバランスにはとくに合理的な根拠がない、ということになるわけです。

田原　政府は自国通貨を発行できるからと聞けば、そこまではわかる。

藤井　一方、**ＭＭＴは、政府は後先考えずに無責任に好き放題カネを使ってもいいというような不道徳や不健全なことは、一切いっていません**。政府は社会・経済がよくなるような適切な内容・規模でカネを使うべきだ、といっているに過ぎません。この点が世間に激しく誤解されているようです。

たとえばケルトン先生などがアメリカで提案されているのは、「ジョブ・ギャランティ・プログラム」（ＪＧＰ　直訳は「雇用保障計画」）。政府が仕事を探す人すべてに、民間活動と競合しない雇用機会を提供し、賃金（連邦最低賃金の倍で時給15ドル）を支払い、職業訓練もするというものです。

運営の主体は、自治体やNPOその他の団体など。環境・コミュニティ・介護・子育て・文化など、地方や地域のニーズに合わせて仕事は無限にあるでしょう。

田原 政府が充分な財政出動をして、完全雇用と最低賃金を保障するわけだ。財政赤字が膨らんでも、失業がなくなり賃金が増えれば文句は出ない。

藤井 JGPのような政策を日本でもやるべきだ、と僕は思っています。

MMTは「財政規律なしで無限に支出せよ」とはいっていない 適正な「インフレ率」をキープせよといっている

田原 ただし、**財政赤字を無限に拡大させないような〝歯止め〟というか、〝基準〟が必要でしょう。** その基準は何ですか?

藤井 まさに適切なご質問、ありがとうございます。MMTを批判する人たちはそもそもMMTには何の財政規律もないと誤解しているようですが、実際はそうではない。

ＭＭＴは「適正なインフレ率」を財政規模の基準にせよと繰り返し論じています。つまり、借金しすぎてカネを使いすぎれば、インフレ率が高くなりすぎるから、そうならない範囲でカネを使え、といっているわけです。

おそらく、ＭＭＴを批判する人たちの多くは、財政規律といえば財政赤字の解消だと単純に思い込んでいるのでしょう。だから、ＭＭＴが財政赤字は問題じゃないといったとたんに思考が停止して、「ＭＭＴは財政規律をなくせというトンデモ理論だ！」と早合点してしまうのでしょう。

いずれにせよＭＭＴは、「財政規律なしで無限に支出してよい」とは、まったくいっていない。**財政規律を、合理性に欠ける現行のプライマリーバランスから、明快で合理的なインフレ率に変えるべき**だ、と主張している。規律を「なくせ」ではなく「変えよ」です。シラー教授をはじめとするＭＭＴ批判論者は、このポイントをわかっていないように思われます。

田原　インフレ率２〜３％以下なら、財政出動で財政赤字が増えてもいいと？

藤井　おっしゃるとおり。デフレが続いているうちは、デフレ脱却のため財政出動をして、財政赤字が増えても問題ありません――というか、増やすべきなのです。インフレ率が適正水準を下回っている状況では、財政を増やして適正に戻さなければならないからです。その適正なインフレ率とは、日本ではおおよそ2～4％でしょう。

で、物価上昇率が3％とか4％とかに安定してきたら、財政の「拡大を止める」わけです。だからインフレが始まる兆候をつかむ監視システムをきちんと構築しておき、悪性インフレの芽を確実に摘まなければいけない。そのあたりの財政の拡大の打ち止めを見据えるなら、補正予算の制度をうまく活用するのが得策でしょう。補正予算なら、次年度に何も議論しなければまたたく間にゼロにすることができて、すぐに財政を縮小できるからです。ちなみに金融政策をしっかりやることも大前提です。

田原 ＭＭＴは、案外まともなことをいっているんだね。

藤井 そうですよ。だから、僕も必死に広めようとしているんです。

トンデモ理論といわれますが、じつは、現代貨幣理論ＭＭＴが成立するまでには、経済学の長い歴史があるのです。主唱者の一人バード大学のランダル・レイ教授の師匠はミンスキー先生。金融危機をいい当てて理論化した著名な先生です。

その前には、機能的財政論のラーナー先生や、当然ながらケインズ先生もいる。さらに遡《さかのぼ》ると、クナップという貨幣論の先生がいて、ドイツ歴史学派に至ります。経済学というより文化人類学の範疇での交換や貨幣の研究とか、そんな長い歴史のある理論体系が、レイやケルトンに代表されるMMTの議論につながっています。

二十一世紀のいまは、たまたま少数派でも、かつては主流派ですらあった伝統的かつ正統な経済理論なんです。それを知らないでトンデモ理論だと揶揄するなんて、無知にも程があります。むしろ、ご自身たちの無知をさらけ出す恥ずかしいお話なんじゃないかと思ってしまいますね。

「政府」と「企業」の借金、どこが違う？

田原　ちょっと質問。家計と政府は違う。家計の借金はダメだが政府はいいんだ、と藤井さんはいう。政府が借金したカネは社会に出て、グルグル回っていくから。

藤井　誰かの赤字は誰かの黒字。政府の財政赤字は、民間への貨幣供給ですから。

田原　でも、バブル経済がはじけた91年から、企業はバタバタつぶれていった。97年からの金融危機もそうでした。企業が政府に似ている点は、どうですか？

藤井　多くの人が、**政府と家庭の借金を一緒くたに誤解**しています。それが「馬」と「鹿」を取り違える「馬鹿」な議論だという話なわけですが、ただ、そのこととは別に、企業と政府は似ているところがあるだろう、というご質問ですね。

おっしゃるとおり、政府は、家計とは似ていないが企業と似ている側面がある。たとえばトヨタも松下もソニーも、すべて最初は基本的に小さな会社だった。でも、そこから大きくなったのは、技術やアイデアのある人が、銀行から借金して工場をつくる、という借金に基づく投資をおこなったからです。で、そうやってある程度売れたら、借金して工場を広げる。ずっと借金をし続けて、工場や支店をあちこちにつくり、海外にも出て行く。企業が大きくなればなるほど、借金の総額は増えていきます。

普通の家計が借金を膨らませていくのはダメですが、企業の場合はありえます。この点だけは、企業と政府は似ています。

でも、この点を除けば、企業と政府は全然違う法則に従って動いています。**企業は借金がふくらんで破綻することがある。銀行に見捨てられたら、借金を返せなくなって倒産**してしまう。

政府には「最後の貸し手」日銀がついている！

藤井　ところが**日本政府の場合は**、政府にとって「最後の貸し手」である日本銀行が背後に存在します。**中央銀行が中央政府を見捨てることは、原理的にありえません**。日銀が存在し、日本銀行券（日銀券）、つまり紙幣を刷ることができる以上、財務省が公文書で高らかに宣言しているとおり、政府のデフォルトはありえません。「日銀特融」という制度があるでしょう。

田原　１９６５年の証券不況（昭和40年不況）のとき、大蔵大臣だった田中角栄が発動して山一証券を倒産の危機から救った。

角栄は、及び腰の銀行首脳を「手遅れになったらどうする！　それでもおまえは頭取か!!」と怒鳴りつけ、「無制限・無担保」の日銀特融を決めたんだ。直後に、戦後初めての「赤字国債」が発行されるんですね。

藤井　不況が企業倒産を招き、国民に不安が広がって取り付け騒ぎなんかが起こりそうなときは、日銀が資金をガンガン出して経済の混乱を抑える。とくに金融機関が倒れると連鎖倒産が広がってしまうから、これを防ぐために発動する。日銀特融は戦後に何回もありました。

仮に日本政府が破産や破綻を起こせば、発行された1200兆円ぶんの国債（うち500兆円以上を日銀が保有）が紙切れ同然となってしまう。これは日本経済がとてつもない被害を受けることですから、日銀は日銀特融でも何でもかんでも発動して、絶対に回避しようとします。必要ならば紙幣をガンガン刷ります。そしてそういうふうにしない人物が日銀総裁になることはない。総裁は国会決議を経て選ばれるからです。**だから国債はデフォルトなんてありえない、と財務省が公文書に書いている。企業と政府は、この点がまったく違う**んです。

借金がどんどん拡大しても、日本はインフレにならないこれだけの理由

田原　もう一つ質問。日本の長期累積債務は1200兆円。ここまで借金がふくらめば、ふつうはインフレになるはずだけど、なってない。なんで？

藤井　そのシンプルな答えは、それだけ国債を出してもまだ需要が少なくてインフレにならないから、です。**もっともっと国債を出さないとインフレにはなれない**んです。

田原　あと、国債をたくさん出すと金利がすごく高くなり、政府の利息の支払いだけでも膨大になって破綻するんだ、なんていうこともよく聞くけど、それはどうなの？

藤井　経済学者たちはいつもそれをいうんですね。でも、日銀の存在を理論化しているMMTは、それとは逆に金利が「下がる」と予想します。で、実際に起こっているのは金利の上昇でなく、金利の下落です。つまり、一般の経済学が間違っていて、MMTが正解なんです。

まず、なぜ経済学者たちが、国債を出すと金利が上がるといっているのか解説しましょう。

国債は「この紙と引き換えに、おカネを貸して」と政府が発行する借用証書です。①貸す人が少ないと、国債の金利を上げないと充分なカネを貸してくれないから、しかたなく金利を上げる。②逆に貸す人が多いと、政府は金利を下げてもカネを借りられるから金利を下げる。①は国債が人気薄で、国債価格が低い状態、②は国債が人気で、価格が高い状態です（国債購入価格の上下と金利の上下は逆向き）。以上が話の前提です。

この前提のもとで、ここでもし「おカネの量が一定」だったとしたら、政府がカネを借りれば借りるほど、カネを貸す人はどんどん少なくなっていきますよね。だから、①の状況となって、金利は徐々に上がっていく。経済学の教科書には、そう書いてあります。

田原　だから金利が上がるはずなのに、上がらない。なんで？

藤井　金利が上がるという話は「おカネの量は一定」が前提。でも実際はそんな前提は完全な間違い。そもそも国債発行は形式上「借りる」プロセスを一部含みますが、政府は借りたカネを市場で必ず使いますから、結局、市場に存在するおカネの総量は差し引きゼロ。むしろ昨今では日銀が国債を大量に買っていて、政府が事実上カネを供給しているわけで、カネの量は減るどころか逆に「増える」。だから、②の状況となって金利は必然的に下がるのです。

しかも、デフレ下の日本では誰もカネを借りようとしないので、そもそもが②の状況。だから金利は下がる。

もちろん、国債を出してカネを使えばデフレから脱却できて金利が上がる状況になりますが、いまの日本は国債発行額が少なすぎなので、デフレのまま。

日本経済は、もっと借金をしなければ、インフレになれないんです。

田原　**1200兆円も借金して、まだ借金が足りない**わけ？

藤井　そうです。**その証拠が、物価がずっと下落し続けているという現状**です。いわば**物価は国債発行額の適切さを表すバロメーター**なんです。国債が適切に増えれば資金が回り出し、消費や投資も増え金利も賃金も上がり、税収も上がる。それがインフレ状況。
ところが日本は90年代半ばからデフレが始まり、物価の上昇率も0・数%と非常に低い。金利もほとんどゼロの超低金利時代。資金循環が低迷し、経済活動全般が低調です。つまりあれから20年以上も経ってるのに、いまだにデフレから抜け出せないでいるんです。

安倍内閣は「拡張財政」ではなく、じつは「緊縮財政」内閣だった

田原 カネだけは余っていて、市中でダブついている。

藤井 そうですね、銀行預金や証券などいわゆる金融市場におけるカネはダブついています。でも実物（実体）経済にはカネは回ってないので、物価も賃金もみな下がるわけです。だからもっと多くの国債発行と、それに基づく政府支出の拡大が必要なんです。でも国債発行額はリーマンショック翌年が52兆円、東日本大震災の翌年が48兆

円。ほかの年も30〜40兆円規模で出していますが、それでは必要額に比べて圧倒的に少ない。それらだけではまだまだ経済を上向かせる力はない。

新型コロナで、20年度の新規国債発行額は史上初めて100兆円の大台を突破し、112兆円になります（建設国債と赤字国債の額。復興債・財投債・借換債は含まない）。でも、21年度の新規発行予定額（21年3月時点）は43兆円と、政府は例年と大差ない額に戻そうとしています。**これではデフレ不況は絶対に終わらず、人びとの貧困と格差が拡大することは必至**です。

田原　例年40兆円とすれば、1年ぽっきりで70兆円増やしたわけだ。でも100兆200兆を2〜3年続けるというような考えは一切ない、と。

デフレの原因には、成熟社会や少子化社会のモノ余り、ITによる通信コスト減、中国や韓国からの安い工業製品の流入など、いろいろある。年金の先行き不安も大きいから、みんな将来に備えてカネを使わない。もし〝タンス預金統計〟というものがあったとしたら、とんでもなく巨額なんじゃないか。政府がいくらカネを出しても、タンスにしまわれちゃったら、生産活動に回らない。だから、安倍・黒田コンビがカネをいくらガンガン刷っても、効果が出ないんじゃないですか?。

藤井　そこなんですが、世間に大きな誤解がある。財政破綻論者も誤解してますけれど、安倍内閣は、カネをどんどんばらまく拡張財政をやったわけではないんです。

じつは安倍内閣時代、当初15兆円ほどあったプライマリーバランスの赤字は、年々減っていきました。国債発行額を40兆円からだんだん減らして30兆円に近づける一方で、増税と予算削減をやったからです。**安倍内閣は「拡張財政」をやっていたのではない。「緊縮財政」をやっていたんです。**

田原　異次元というからガンガンやったと思ったら、違う?

藤井　違います。そこに大きな誤解があるんです。日銀の金融政策と政府の財政政策はまったく別物なのに、両者を混同し、日銀が金融緩和を徹底的にやってるから、なんだか政府がたくさんおカネを使っているかのような錯覚に陥っている議論がしばしばあります。しかし、繰り返しますが両者はまったく別。安倍内閣は金融緩和は徹底してやりましたが、財政政策は拡大どころか逆に縮小させたんです。だからいまなすべきは、緊縮財政から拡張財政への転換なんです。

そのためにはMMT理論に立脚して、インフレ率2～3％程度の安定的な実現に向けて、もっと国債を出すこと。だから「プライマリーバランス撤廃」です。

緊縮財政国家なのに、なぜドイツは経済が強いのか？

田原　「緊縮財政」という言葉が出たので聞きたい。日本の金利も低いけど、ドイツの金利は世界一低い。ドイツ国債10年物の利回りはマイナス0・38％（日本国債10年物は0・078％　いずれも21年2月末）。

なんでドイツ金利はこんなに低いんですか？

藤井　ドイツは代表的な「緊縮財政国家」です。これには長い歴史があります。

政府が借金をしてもいいという考え方は、じつは金本位制が撤回されたときからです。二十世紀に入って第一次世界大戦や世界大恐慌が起こり、保有する金の量に貨幣量が拘束されていると経済が破綻してしまう、という恐れが生じた。そこで、多くの国が金本位制を捨て、中央銀行が貨幣量を調節してデフレやインフレを制御しようという方向に転換しました。

でも、家計の借金と政府の借金を同じように「よくないこと」と考える政治家や経済学者が、当時もいました。いわば先ほどお話しした「馬」と「鹿」を取り違える「馬鹿」学者たち、ですね。この人たちの一種の「緊縮イデオロギー」が、多くの政治家や官僚の頭に注入されると、緊縮財政が強調される。増税して財政の健全化が重視されるけど、あまり経済発展できない。いまの日本のように。

田原　だから安倍さんは、デフレからの脱却といいながら、やっぱり日本の良識や常識に従って消費増税を2回やっちゃった。

藤井　おっしゃるとおり。メルケルさんの頭の中にも、ある種の緊縮イデオロギーが入っていた。だから非常に緊縮で、財政政策を拡大しない。

それでもドイツが勢いよく、経済が順調に見えるのは、EU圏や共通通貨ユーロの仕組みを作り、国境や関税をなくしたからです。最高の生産力を持つのはドイツですから、工業製品をEU域内で売りまくった。

たとえば、ドイツとギリシャの間に貿易不均衡が起こる。すると、ふつうの国同士ならば、為替変動による貿易収支の調節機能が働く。マルク高ドラクマ安となって、ドイツ人がギリシャからの輸入を増やす、ギリシャに現地進出する、ギリシャに観光旅行するなど、ギリシャの収支が改善されるはず。ギリシャ人もベンツ車はじめドイツ製品が前より値上がりするから、買い控えます。

田原　ところが、通貨が同じだから、貿易収支の調節がきかない。ドイツの工業製品価格もギリシャの農水産物の価格も変わらないから、ギリシャがドイツに所得を一方的に吸い上げられてしまうんだ。

藤井　同じことがドイツと南欧諸国の間で起こるから、ドイツだけがどんどん儲けてカネを貯め込む。イタリアやスペインはどんどん貧乏になっていく。

ドイツは外需――EU域内貿易で大成功したから、国内の内需転換をしなくてすんだのです。僕のフランスの友人のエマニュエル・トッドにいわせると「経済的な植民地をヨーロッパに築き上げたようなものだ」と。

田原　なるほど。南欧は一時、破綻寸前みたいないわれ方をしていた。

ＥＵが一つの国ならば、日本が東京に集まったカネを地方に配分したり（地方交付税）、アメリカで連邦政府が州政府を補助したりするような仕組みで、ドイツが集めたカネを弱小国に回せばいいけど。

藤井　そうそう。ヨーロッパはまだ完全に一つの国ではなく、財政政策は国別。リーマンショックの後、09〜10年ころの「欧州ソブリン危機」ではギリシャ・スペイン・イタリアあたりが危ないといわれました。

リーマンショックやソブリン危機で、先進国はどんどん「反緊縮」へカジを切っている

藤井　そこで世界的な運動が起こりました。英語で「アンチ・アステリティ」という「反緊縮」運動です。財政規律を撤廃して、国民のために大きな政府をやるべきだ、と。アメリカも反緊縮です。

田原　反緊縮は、政府にどーんとカネを使わせる大きな政府でしょう。それはどちら

かといえば民主党で、共和党は小さな政府では。違うんですか?

藤井　かつてそういう傾向は一部ありましたが、今はもうどちらも反緊縮ですね。2020年の米大統領選挙は、バイデンとトランプのどちらも反緊縮でした。歴史的には田原さんのおっしゃるとおりですが。

MMTを主張する経済学者だけではなくて、ノーベル経済学賞を取ったクルーグマン、スティグリッツ、サマーズら著名な経済学者たちも、全員が反緊縮思想です。

そうなったのは、08年のリーマンショックから。ずっと「政府は国債を増やしてはダメだ」と主張していたクルーグマンは、リーマンショックで金融バブルが崩壊したとき、ここで緊縮すればアメリカ経済が破綻すると直感して、反緊縮に転じた。これをきっかけにアメリカ経済学会の空気もがらっと変わり、MMTが登場してくる。

アメリカは、もともと反緊縮的な傾向もあった国ですが、そこにリーマンショックが襲って大規模な地殻変動が起こったわけです。

イギリスも似ています。労働党のコービンは反緊縮論者。ボリス・ジョンソンも緊縮的ではなく、新型コロナ対策で所得の80%を補償し、カネを配っています。

イギリスでは、とくに左派が大きな政府を目指しますから、労働党政権が反緊縮を展開する。彼らはMMTとはいいませんが、一般的な経済理論、ケインズ理論に基づいて、かなりのカネを使うようになった。

ヨーロッパの国ぐにが、ドイツを除いて反緊縮になりつつあったところに、コロナ感染症が襲って、対策費をガンガン出しはじめたわけです。

「反緊縮」の中心国家アメリカは、成長率がいちばん高い！

田原　**先進国では、アメリカがもっとも成長率が高い。**

藤井　リーマンショックの対応が典型的ですが、ああいうとき緊縮財政思想に縛られているとうまく対応できません。当時のオバマ大統領は、ここは徹底的な財政出動が必要だ、と90兆円規模の財政政策をやったんです。

田原　公的資金を入れて一時、企業の国有化をやった。東西冷戦時代、ソ連がそうだから蛇蝎《だかつ》のごとく忌み嫌っていた国有化ね。

藤井 そうです。**徹底的な金融緩和と大規模な財政政策で、アメリカは成長を続けることができた。**

田原 日本がバブル崩壊で失敗した経験に学ぶ、みたいなことをいっていたね。

藤井 いっていました。だから日本がやらなかった「不況脱出まで」の充分な財政政策を徹底的にやったんです。そもそもアメリカはニューディール政策をやったくらいですから、アメリカは反緊縮の中心国家といえます。

１９２９年の世界大恐慌のときは、フーバー大統領以下みんな緊縮思想で、恐慌で所得が下がり税収も下がったとき、財政規律を守って支出を削ろうとした。するとアメリカのＧＤＰが、たった3年で半分近くまで減ってしまった。

33年にフーバーに代わって登場したルーズベルト大統領にアドバイスしたのがマリナー・エクルズという銀行家です。後にＦＲＢ（連邦準備制度）議長になった人ですが、現場の経済を大局的な視点からわかっていて、この状況で政府が緊縮政策をすれば逆効果だということを的確に理解していた。ルーズベルトに盛んに進言しています。

田原　ルーズベルトのニューディール。

藤井　ニューディールは、一度ガラガラポンにしてやり直そうという新規巻き直し政策。ルーズベルトは就任直後は緊縮論者でしたが、それを改め、国債を発行し減税もやって、国民にカネが回るようにしたんです。全国に失業者があふれていたから、たとえばテネシー川流域開発公社で公共事業を興して働かせた。3年ほど続けたら人びとのポケットにカネが入り、そこからは財政政策をある程度緩和しても、サイフォンで水が回るように、みんなカネを使えるようになった。

「非常時は非常識をやれ」と高橋是清は積極財政で世界に先駆けていた

田原　世界の先進国で、財政政策を最初に変えたのはアメリカなんだ。

藤井　いや、じつはですね、31（昭和6）年の犬養毅《つよし》内閣で4度目の大蔵大臣になった高橋是清さんが、世界に先駆けた積極財政政策を断行しています。

31年12月に金輸出再禁止・銀行券兌換《だかん》停止、32年11月から日銀引き受けによる政府支出増額（軍事予算増）、32〜34年に「時局匡救《きょうきゅう》事業」という公共事業をやった。これで、世界恐慌が波及し混乱していた日本経済をデフレから脱出させました。

政府公債や満州事変公債を発行し、これを日本銀行が買うかたちで、政府が日銀から現金を引き出し、軍備増強や公共事業に使うという手法です。

田原　公債発行と公共事業。高橋是清がやったことは、いまとほとんど変わらないんだ。違いは、政府が出した国債を日銀が直接買うか、いったん民間金融機関に買わせてからすぐ日銀が買うか、だけ。

藤井　「国債の市中消化の原則」といって、いまは財政法で日銀は直接引き受けができません。これを認めると通貨発行に歯止めがかからなくなり、悪性インフレを招くという人たちがいるので、彼らに従うかたちで各国の中央銀行が禁止している。

当時は直接引き受けで、政府には「財政赤字が問題なのに、さらに加速度的に赤字を増やす公債発行とは、大蔵大臣は頭がおかしいんじゃないか」という声があった。高橋は「違う。この状況では非常識をやらねばならぬのだ」と突っぱねた。

高橋是清の政策はケインズ政策の走りで、ルーズベルトが米大統領に就任する前、ケインズが36年に『雇用・利子および貨幣の一般理論』を書いてケインズ政策が世界に知られるようになる、はるか前でした。

田原 なんで高橋是清は、日本の、いや、世界の常識を破ることができた?

藤井 やっぱり金融の現場、つまりこのカネをめぐる「娑婆《しゃば》」の実態を、日銀での経験などを通じてよく知っている方だったからだと思います。若いときアメリカに留学し季節奴隷として働いたり(本人はその契約とは知らなかった)、教師や官僚になったり、官僚を中断してペルーに渡って銀鉱事業を手がけてみたり、型破りな経験をしていますね。その後で日銀入りした。

田原 ペルーで山師をやって大失敗、無一文になって帰ってきたとか。

36(昭和11)年二・二六事件で青年将校に殺された理由は、軍事予算を削ろうとしたから。でも、その軍事予算は高橋が公債を出して増強したもので、インフレ懸念が生じてきたから減らそうとした。将校たちは何もわかってなかったんだ。

藤井 高橋是清やルーズベルトのやり方を、いま**実践しているのは中国**です。ケインズ経済学をずっと発展させた進化形ケインズ理論が、いまのMMT＝現代貨幣理論。**習近平は事実上MMTと同様の内容を勉強し、MMTに基づいて財政政策を展開しているる**といいうる状況にあります。一帯一路で〝中国版大ニューディール政策〟をやっている。池田勇人の所得倍増計画や、田中角栄の列島改造論など、高度成長までの日本も、徹底的にインフラ政策をやって成長を目指す経済モデルでした。

麻生内閣、民主党内閣は、プライマリーバランス規律なしでカネをどんどん使っていた

田原　そもそもプライマリーバランスを重視して、毎年その赤字を減らしていくべきだという考え方を、財務省はいつから始めたんですか？

藤井　大蔵省時代には、その概念は明確にはありませんでした。言い出したのは、省庁再編で大蔵省が財務省になった翌2002年、当時小泉内閣で経済財政政策担当大臣だった竹中平蔵さんです。

田原　竹中さんは、ＧＤＰの５％程度（28兆円）を占めていたプライマリーバランスの赤字を「10年で黒字化する」といった。増税せずに、07年にＧＤＰ比１％ちょっとの６兆円まで改善したんだけど、リーマンショックでダメになっちゃった。

竹中さんは成長重視で増税反対。それを貫いてプライマリーバランスの黒字化目前まで持っていったことを誇りに思い、もうちょっとで実現できたのにと、とても残念がっていました。

藤井　竹中さんの時代、たしかにプライマリーバランスの赤字はどんどん減っていましたが、それができたのは当時アメリカの景気が良く輸出が伸びたから。あのとき、プライマリーバランスの黒字化なんていわずに徹底的に財政政策をやっていたら、デフレ脱却ができたはず。竹中さんは誇りに思っているとしたら完全に状況認識を誤ってますね。プライマリーバランス赤字を減らすなんて最悪の手を打ったがゆえに、せっかくの輸出増という僥倖《ぎょうこう》をみすみす見過ごし、デフレが続く最悪の帰結をもたらしたのです。彼は誇りに思うのではなく、痛恨の思いを持つべきなんです。

ただ、そんなプライマリーバランス規律ですが、それを少なくともいったん解除することに成功したのが麻生政権。彼はリーマンショック対策で、積極財政を展開するために、プライマリーバランス規律を解除したのです。ここから積極的な財政出動が始まり、続く民主党政権もプライマリーバランスの縛りがなかった。民主党政権は、マニフェストを全部やるといって、すごくカネを使ったんです。結果的には、これが日本経済にとってよかった。

この財政規律なしの3年間、悔しくてならなかった財務省

田原　その経済によかったことを、やめちゃった?

藤井　財務省は、プライマリーバランス規律がなくなって3年間、悔しくて悔しくてしょうがなかったんです。

そこで、第二次安倍内閣で麻生さんが財務大臣になったとき、徹底的にレクして、プライマリーバランス規律を復活させてください、と頼んだ。これが**13年1月で、6**

月の骨太の方針でプライマリーバランス規律が復活しました。**消費税の10％への増税も、同時に決めた**んです。

田原　いま、プライマリーバランスはどうなっていますか？

藤井　コロナ状況下ですから、赤字が非常に拡大しています。

内閣府が21年1月21日に経済財政諮問会議に提出した「中長期の経済財政に関する試算」の見込みによると、20年度（21年3月まで）のGDP成長率は実質マイナス5・2％で名目マイナス4・2％。21年度（22年3月まで）は成長率実質4・0％で名目4・4％。21年度中には、日本経済はコロナ前の水準に戻ると見ています。

プライマリーバランス赤字の対GDP比の見込みは、20年度12・9％、21年7・2％です（以上、いずれも％に「程度」がつくがここでは略）。GDPの13％近いということは、額にして70兆円くらいですね。

内閣府の試算にはグラフがついていて、うまく成長するシナリオ（実質成長率が2年以降2％近い）が実現したとして、プライマリーバランス黒字化は29年度。早くて10年くらい先ということです。

金持ちの男

MMTって何なのさ
経済学の理論よ!
MMTとは現代貨幣理論で…
日本は自国通貨をもっているから…
MMT
借金しても金をどんどん刷っちゃえば大丈夫だってこと
借金いっぱいして金持っている男はどうなんだ?
MMT
ダメに決まってるでしょーが…
国は財政破綻しないから大丈夫ですよ
ガッ
MMT
MMTとケッコンしろー
パチパチ
とんでもねぇこと言ってんじゃねー!!

田原　内閣府の試算が出る直前の21年1月18日、麻生財務相は財政演説で、25年度のプライマリーバランス黒字化を目指すといった。コロナ禍がそろそろ1年なのに、前と同じことをいっている。なんで？

藤井　まったくなにも考えず、ただ財務官僚の作文を読んだだけでしょう。

田原　いずれにせよ、いつごろプライマリーバランス黒字化なんてことにこだわっていては話にならない、ということね？

藤井　そうです。全然ダメです。それをやっている限り、**日本はまともなコロナ対策も、防災対策も、防衛対策も、そしてデフレ脱却もみな、まったくできません。**

田原　これを続けている日本政府の責任者は誰？

藤井　もちろん、菅義偉内閣総理大臣であり、麻生太郎財務大臣です。

第3章

「消費税増税で日本を貧困化」させた困った人々

衆院選は「消費税0％」を実現する大チャンスだ！

田原　この章では、藤井さんが掲げる「提言2　消費税0％」について、徹底的に議論したい。

「消費税0％」というキャッチフレーズは、とてもわかりやすく、絶大なインパクトがある。

前にもいったけど、2021年10月までに必ず、否応なく衆議院選挙をやらなければならない。**選挙公約に掲げる政党が出てくるかも**しれません。

藤井　そうです。これからお話ししますが、日本のデフレをここまで深刻化させたのは〝消費税の増税〟です。「デフレから脱却したい」あるいは「必ず脱却する」というのであれば、何をおいても消費税の減税をやらなければなりません。国政選挙は、その大きなチャンスだと思います。

田原さんがおっしゃるように、野党が政権公約として打ち出すかもしれない。与党の支持率が極端に下がれば、自民党・公明党が同じような手を使うかもしれない。

田原　問題は、藤井さんのいう〝日本の宿痾〟たる財務省。素直にいうことを聞かない。

藤井　もちろん財務省が必死に抵抗します。与党が「消費税を引き下げたい。検討してくれ」といっても、たぶん2％引き下げ——消費税8％までしか譲歩しない。だから最初から「消費税は0％で一時凍結」で戦わなければ。

田原　財務省に「消費税を5％にできないか」といえば「到底無理で、税率8％が限界です」といわれてしまう。だから「なんとしても税率0％にする。8％や5％では話にならない。何か手を考えろ」といわなければダメなんだ。

藤井　そうです。そしてもちろん、もっとも望ましいのが「消費税0％」の実現です。消費税5％は、うまくいかなかった最悪の場合でしょう。

田原　首相だったときの安倍晋三さんや、いま首相の菅義偉さんと、僕はたまに二人だけで会って、いいたいことをいうようにしています。頻繁に会うのはよくないことだ、と思っているけどね。

それで安倍さんには直接、安倍一強なんていわれている状態はダメだ、といった。18年9月の自民党総裁選で安倍さんが三選を決めたあとです。「悪いけど、はっきりいえば、国民の70%以上が森友・加計は問題だと思っている。自民党の国会議員の多くもそう思っている。それなのに、あなたのところに誰か一人でも『問題だ』といってきたか？」と僕が聞いたら、安倍さんは「誰もこない」と。

そこで「自民党の国会議員たちは、あなたへのゴマすりしか考えていない。まずいと思っても忠告すらしない。この国をどうするか、政権は何をしていくのか、まったく考えていない。そんな無責任な連中を相手にしていいのか？」といったんだ。

安倍さんはちょっと考えて、「ほんとうだ。困ったことだ」といった。

この状況を改めていくには、野党が強くなって、日本の政治に緊張感が生まれなければダメだ、と思っている。

藤井　同感です。野党政治家の質が上がって、ある程度強くならないと、日本の政治は改善しないです。

アベノミクス批判など聞きたくもない。野党はきちんとビジョンを示せ！

田原　だから僕は、野党のリーダーたちにもいっています。野党議員が自民党批判さえすれば当選できると思ったら大間違い。政治について何も考えないも同然だ。そんな体《てい》たらくで万年野党から脱することは、絶対にできない。

あなたたちはアベノミクス批判しかいわないけど、そんなもの誰も聞きたくない。アベノミクスが大成功なんて思っている国民はいないんだ。だから、自民党と違うどんな経済政策をやるのか、具体的なビジョンを示せ、と。

そのビジョンを出さないから、国民は諦めるしかない、これとこれをやるというビジョンを立てて、それ以外の問題は当面棚上げ・現状維持とすれば、連立を組めるはずだ。さっさと連立政権構想を出せ、と野党をけしかけているんです。

藤井　自民党のためにも、野党は本当に大事です。

田原　安倍さんにもいったんだけど、結局、政治は権力闘争。考え方が正しいか正しくないかじゃなくて、いかにして勝つかが問題。勝つには、日本をよくすると約束して、国民に信頼してもらわなければいけない。

藤井　ＭＭＴがいかに正しいかと理論だけ突き詰めていっても仕方ない。もちろんその努力はするんだけど、いかにして実現するかが大事。それと同じですね。

田原　ちょっと脱線。「小異を捨てて大同に就《つ》く」っていうでしょう。細かい違いは無視して、だいたい一致していればいいんだ、と。でも、これ、じつは違うんじゃないか。

おおむね一致していなければ連立できないなら、立憲民主党と共産党が連立できるはずがない。でも、水と油の自民党と社会党が、「自社さ政権」をつくっていたことがある（94年6月〜98年6月。「さ」は新党さきがけ）。

藤井　その結果、社会党は滅亡してしまいましたけれども。

田原　96年から社会民主党ね。自社さ政権は、じつは「大異を捨てて小同に就」いたんだ、と思う。国家安全保障観なんて、みんなで一致できるはずがない。現に自民党にはタカもいればハトもいる。それは棚上げにして大異は捨てて、「この三点だけで連立する」とやるしかないんですよ。ガンジーみたいな無抵抗主義者や絶対平和主義者が自民党にいたって、別にかまわないわけだから。

れいわ新選組は「消費税ゼロ」を主張している

田原 ところで、れいわ新選組の山本太郎代表が、『文藝春秋』20年2月号に「消費税ゼロで日本は甦る」という論文を書いた。

消費税ゼロには財源が26〜27兆円必要で、これは国債の増発と増税(高所得者への増税、金融所得を合算したうえ累進税率を高める総合課税、法人税増税)でまかなうという。同時に奨学金を返さなくていいようにして、これに9兆円かかる。

山本太郎は、国債と増税で40兆円を捻出するといっているんだ。どうですか?

藤井 日本国民は毎年300兆円近くを消費しています(家計消費)。これはGDP

五百数十兆円（19年名目で561兆円）の60％近い。税率10％だから、毎年30兆円近くを消費税として取られているんです。

この10％分を戻すというか、取らないようにする。そのために、消費税率を0％にする。当然、国の予算が30兆円近く足りなくなるから、財政政策を発動して政府が国債を発行し、資金を調達する。

これは、第1章のプライマリーバランス規律撤廃のところで繰り返しお話ししたように、デフレのときやるべき財政政策の一つで、何の問題もありません。

田原 現に各国は、新型コロナ第一波のさなかに消費税を減税した。

藤井 各国にはできても、日本は財政が苦しいからできない。だから、やるべきではない――というのは、まったく倒錯した考え方。

日本は経済が悪く、デフレがきわめて深刻だからこそ、各国よりはるかに大幅に、いち早く消費税を減税・凍結しなければいけなかった。

田原 高所得者に対して増税する。所得税の累進性を強めるという点は？

藤井 それは、安定的な成長を考えるうえできわめて効果的です。

「間接税」の消費税には累進性がなく、子どもが駄菓子屋で10円のアメ玉を買っても1円取られる。金持ちが1000万円の高級車を買っても100万円取られる。

つまり、誰がいくら消費しても税率は10％で同じ（食品・飲料品などと、週2回以上発行される定期購読契約の新聞が対象の「軽減税率8％」は例外）。

田原　しかも、金持ちも貧乏人も、たとえば1日に食べる白飯の量や卵の数、飲む牛乳の本数は、大きく変わらない。貧乏人はみんな一膳飯だけど金持ちは平均茶碗3杯なんてことはないと。

だから、食品や生活必需品にかかる消費税額は、お金持ちも貧乏人もあまり違わないね。ところが年収は200万円と2000万円というように大差があるから、消費税は低所得者に厳しい税金。

藤井　そうです。収入の低い人ほど消費税で取られる部分の割合が大きくなるから、影響が大きく、よりきつくなる。高級車が買えない人は軽自動車で我慢すればいいけれども、ご飯の分量は減らせませんので。

所得税の「累進性の強化」で「所得の再分配」は正しいやり方

藤井　対して「直接税」である所得税には、所得の多い人には多額の税金を、所得の少ない人にはそれなりの額の税金を負担してもらおうということで、累進性を持たせています。

こうして**「所得の再分配」をすれば、貧富の差の拡大を小さく、階層が固定されにくくなって、暮らしやすく活力ある社会をつくることができる。**

田原　〝平等〟ではないけど、それが〝公平〟なんだ、と。

藤井　まさにおっしゃるとおり。所得税に累進性をつけておくと、貧困層と富裕層との格差を是正する効果があるだけでなく、**景気を安定化させる効果も強くなる。**まずデフレのときは、みんな収入が減るから各人の税率が「自動的」に下がって、実質的に所得税減税がおこなわれることになる。結果として政府は、相対的に資金供給量を増やすことになります。

逆にインフレのときは、みんな収入が増えるから、税率も上がって、実質的な増税が「自動的」におこなわれることになる。これが資金供給量を減らし、おカネが集まって回りすぎるところを抑制することになるわけです。

同じことは、企業に対する法人税についてもいえます。だから、所得税や法人税の累進性をしっかり高めておくことは、インフレでは（自動的に増税して）ブレーキを踏み、デフレでは（自動的に減税して）ブレーキを緩めることになります。したがって経済政策として正しいやり方だと思います。

消費税0％の30兆円に加えて、30～50兆円を財政出動しても何ら問題なし！

田原　山本太郎は「奨学金をチャラにする」といってる。「奨学金徳政令」ともいっているね。これは？

奨学金はわりと簡単に借りることができ、どうしても必要な学生もいれば、あまり深く考えずに借りた学生もいる。いずれにせよ555万人が借りている。それが大学を出て新入社員になったとき、いきなり300万円や400万円なんて借金を抱えたら、身動きが取れなくなってしまう。

手取り給料18万円。ワンルームを借りて、冷蔵庫やエアコンなんかも買って、食費や衣料費やスマホ代もかかるが、たまには飲みに行きたいし、彼女との付き合いもある。それで月3万円って、どうやって返せばいいんだ、と。

藤井　僕は山本太郎さんがいう「奨学金チャラ」は大変結構なことだと思います。若者は所得が少なく収入の多くを消費に回す傾向が強い。にもかかわらず、若者たちから毎月3万円もの購買力を奪い去ってしまっては、ますます需要が低迷します。逆に、そういう状況がなければ、若者一人あたり約3万円もの内需が発生することになる。当たり前ですが、これが経済にプラスの影響を与えるでしょう。

田原　奨学金がチャラって、「俺は奨学金を借りようかと思ったけど、大学は諦めて高卒で働き、いまも苦労している。借りて進学した連中だけが借り得っておかしいじゃないか」と反発されないかな。

藤井　そうですね。新入社員間にも賃金格差はあるから、一律でいいのかという意見があるでしょうし、いまの学生だけが優遇され、その前後の時代の学生は優遇されないという不公平さもある。そういう声にもしっかり耳を傾けて、広く若年層に所得補償してあげることが重要ですね。

小沢一郎はレクした結果、ＭＭＴに意見を変えてくれた

田原　藤井さんは、与野党問わず政治家にレクしまくったといっていた。山本太郎さんに会ったことはあるの？

藤井　あります。彼には消費税やデフレ脱却の話を何度もいたしました。小沢一郎さんにも話したことがあります。小沢さんは僕のレクで意見を変えてくださった方のお一人です。

僕が聞いている話では、分裂した民主党を立憲民主党中心にまとめるとき、小沢さんが裏でかなり動いたという。小沢さんは「選挙に勝つには、消費税減税しかない」といっているようだから、立憲民主党はじめ野党は、減税に前向きな意見が出てくる雰囲気になりつつあるかもしれません。

田原　内閣参与として安倍さん菅さんには話しただろうけど、ほかの自民党政治家も話はわかっている？

藤井　石破茂さんには定期的にレク差し上げています。岸田文雄さんも。安倍さん菅さんも含めて、デフレのときの国債発行や減税はじめ財政政策がきわめて重要なことは、みなさんおわかりだと思います。

ですが具体的に、あるいは戦略的・政策的に何をどうするかとなると、**財務省があの手この手を総動員して猛烈に抵抗**し、なんやかんやジャマをする。

田原　これはできない。あれも無理です。おたくの地方の公共事業も中止でいいんですか——と脅す。

藤井　でも、政治家ならそういうのは全部、突っぱねなきゃいけない。最終的には政治家の決断力が肝。政治家がいかに腹をくくって断行するか、です。

もう少しで「デフレ脱却」できるところまできていたのに……

田原　ここからしばらく、安倍内閣と消費税について聞きたい。第二次安倍内閣は消費税の税率を2回上げた。最初が14年4月で、5％から8％へ。2回目が19年10月で、8％から10％へ。このとき軽減税率8％を導入しています。

ただし、安倍内閣の前にどんなことがあったか、振り返っておく必要があるでしょう。「三党合意」というものがあったんだ。

藤井　そうです。1回目は、首相が安倍さんでなくてもやることが、前から決まっていました。

田原　民主党政権の末期、野田佳彦内閣だった12年6月に、与党民主党、野党の自由民主党・公明党の三党が、「社会保障と税の一体改革」で合意した。

少子高齢化で医療費・介護費・年金などの膨張が避けられないから、消費税率を上げて対応する。税率を14年8％、15年10％と引き上げ（ただし景気しだいで延期できる「景気弾力条項」つき）、年金や高齢者医療も議論して結論を出す、と。

藤井　財務省が三党合意を結ばせたわけです。民主党は合意にそった法案を提出して12年8月に成立。12月の衆議院選挙で第二次安倍内閣誕生です。

田原　デフレ脱却を目指して金融緩和と財政政策をやった安倍さんは、なんで消費税についいては逆向きの増税をしたんですか？

藤井　僕は内部にいた関係者なので、お話しできる範囲で申し上げます。

12年暮れに安倍内閣ができると、安倍さんは10兆円の補正予算をやるといった。財務省から10兆円のカネを出させて、日銀からは黒田総裁のバズーカ砲を撃つ。この二つを一体化させた財政金融政策で、13年の日本経済はものすごく成長できました。

僕がアドバイスしていたとおりのイメージです。そこで僕は、安倍さん、ありがとうございます、といって……。

田原　アドバイスどおり、ちゃんとやってくれたから。

藤井　はい。12年に補正予算10兆円。13年も10～15兆円。「14年もこれを続けてください。3年間続ければ、日本はデフレから脱却できます。もう一度、成長過程に入ることができるんです」とお願いしました。

ここが重要なんですけど、いったんインフレになれば、インフレが〝インフレの原因〟になるんです。つまりインフレ・スパイラルが起きる。日本はデフレ・スパイラルに落ち込んで長く抜け出せなかったけど、逆のインフレ・スパイラルが始まれば、経済がぐーんと伸びていく。

だから当然、消費税増税なんて絶対の絶対にダメだと何度も申し上げた。

安倍首相は財務省の圧力に負けて消費税を8％に引き上げてしまった

田原　そうアドバイスしたのに、14年にやったのは直前2年の続きではなくて、税率8％の消費税増税。なんで安倍さんは、藤井さんのいうことを聞かなかったの？

藤井　究極的なことをいえば、僕にもわかりません。謎としかいいようがない。

田原　謎なんていったってダメだ！　あなた、当時いたじゃないか。

藤井　では、じかに説明を受けたわけではないので、あくまでも内部にいた僕の感触という前提で申し上げますと、一言でいって安倍さんは、〝財務省の圧力〟に負けたんです。

安倍内閣で10兆円の補正予算を出すことにされてしまった財務省は、非常に悔しく思っていた。

当時、僕は「10年で200兆円の国土強靭化をやるべきだ」といっていました。首都直下地震・南海トラフ地震・巨大台風がやってくる。防災対策で、昔の日本列島改造みたいな〝日本列島強靭化〟をやらなければいけない。それでカネをしっかり使えば、デフレからインフレになる。増税したければ、その後でやればいい。

この僕の主張に対して、安倍さんも「そうだそうだ」といっていました。

ところが、財務省は、僕の主張をものすごく警戒したんです。細かいことは申し上げられませんが、いろいろな人から拘束、束縛がかかりました。

田原　どういうこと？

藤井　「藤井さん、２００兆円なんて、これ以上一言もいわないほうがいい」「増税するな、ともいうべきではない」「君のいったとおり、ちゃんと国土強靭化をやるんだから、あとは黙っていたほうがいい」という圧力をかけられた。

田原　そんな圧力があるの？　この国に。

藤井　もちろん、「こうしないと○○するぞ」と直接的に脅迫されたわけではないですが、まあ普通の大人が常識で考えれば、あれは〝圧力〟というしかありませんね。だって持論を語ることで、強靭化も財政支出によるデフレ脱却もかえってできなくなるリスクがあるというのなら、黙るしかない。結果、僕はものをいいにくくなってしまった、というのは事実ですね。

一方で財務省は、安倍さんに増税させるため、さまざまな仕掛けをやってきます。いちばん重要だったのは、13年1月の政権発足直後の国費10兆円の大型経済対策を発表する首相記者会見で、プライマリーバランス目標の堅持を明言させたことですね。

国民の払う消費税額は、安倍政権の7年間で年15兆円から30兆円に倍増してしまった

田原　財務省の圧力で、アベノミクスが変質していった？

藤井　まさにそう。安倍さんがやろうとしたのは金融政策と財政政策の二つで、金融政策はいっぱいやった。ところが財政政策が順調だったのは最初だけで、そのうちまったくやらなくなってしまった。

「金融政策だけでは意味がない。金融政策と財政政策を二つ合わせてはじめて、デフレから脱却できます」と、僕は安倍さんにずっとアドバイスしていましたが、安倍さんは結局、財政政策をやらなかった。だから失敗したんです。

しかも、あろうことか、消費税の増税をやった。減税も増税も国の財政（歳入や歳出）をいじる以上、どちらも財政政策ではあります。

でも、消費税の増税は、ふつうの財政出動とは逆で、国民からカネをバキュームカー

のように吸い上げる「逆財政政策」。**異次元の緩和という金融政策の一方、逆財政政策でカネを吸い上げれば、デフレから脱却できるはずがありません。**

田原　向きが逆だから、互いの効果が打ち消しあって、何もやらないのと一緒になってしまう。

藤井　安倍内閣が始まるとき消費税率は５％、終わるときは10％と、消費税は倍になりました。国民は毎年３００兆円の消費をしているから、安倍内閣が始まるとき15兆円の消費税しか払っていなかったのに、終わるときは30兆円も払わされています。

前にも申し上げたように、「異次元」といったイメージから安倍内閣はカネをたくさんばらまいたと思われがちなんだけど、結局、２回も増税して国民のカネを吸い上げまくったんです。

コロナによってカネを出した分を除けば、安倍内閣ほど緊縮財政をやった内閣は存在しません。政府はもっと国債を出してもっと借金してもっとカネを使わなければデフレから脱却できないのに、借金を増やしたんじゃなくて減らしたんです。

「法人税」や「累進課税引き下げ」では、「庶民のカネ」を大企業にばらまいたということ

田原　ただ、安倍内閣は消費税は増税したけど、**法人税と累進課税を低くした**。だから経済はよくなるんじゃないですか？

藤井　いやいや、まったくの間違いです。それは**庶民のカネを巻き上げて大企業にばらまいた**という話です。法人税を減税して消費税を上げたのだから。法人税がいくら安くなっても、経済はまったく活性化しません。GDPの60％といちばん比率の高い部分である消費をつぶしたのだから。実際、経済はよくなっていないじゃないですか。

田原　アメリカではトランプが法人税の減税をやった。これは法人税が高いとみんな本社機能を外国に移してしまうから。

藤井　いま世界中で法人税の減税競争が起こっていて、自国の会社が海外に逃げるのが怖いから、あるいは海外から自国に会社を呼びたいから、とされています。

ところが、われわれ京都大学は、日本企業に海外移転の意向調査をしました。移転した、またはしようと考えている企業に理由を聞いたのです。その結果、**企業が海外移転する理由は法人税率ではなく、出先国の需要の強度なんだ**、とわかりました。**その国で儲かると思えば行く。儲からないと思えば行かない**。税率が低いからという理由は、最後のほうにしか挙がらない。日本はデフレで儲からないから、海外から会社がきません。出た場所で商売になるか、儲かりそうか、が重要なんです。

田原　そうなの？　世界の常識は、企業が本社機能を海外に移さないように法人税を減税する。だから安倍もトランプも減税した。これは間違い？

藤井　間違いです。ここでもまた、常識が間違っているんです。なぜ、そんなデマがはびこるか？　大企業がそう主張すれば、実際に法人税率が減って得だからです。大企業経営者たちは、あらゆる国で法人税を下げさせようとロビー活動して、各国首脳をたぶらかそうとしている、というわけです。

田原　大企業は、もともと海外に出るつもりなんかなくても、こんなに法人税が高ければ逃げ出すぞと政府を脅かして、法人税を下げさせているだけ？

藤井　そうです。トランプは大企業の資本家だし、友人も大企業の人が多い。とくに西側諸国では、政府首脳が財界と非常に密接につながっています。大統領選挙でものすごく献金しているじゃないですか。当然、大企業の意向が反映されやすい。

そもそも赤字の中小零細企業は、法人税減税の恩恵をほとんど受けていない

田原　日本でも昔から、土木建設業界は売上高の3％を自民党に還元するとされていたね。でも、法人税の減税は、海外に出ない中小企業にもプラスでしょう?

藤井　いやいや、それも違います。デフレ状況下で法人税を支払っている企業は、全体の3割しかない。法人税は黒字の利益にかかるからで、日本のようなデフレの国の中小企業は、ほとんどが赤字です。黒字は大企業だけです。

田原　そうか。**法人税減税は中小企業にプラスと思ったら、彼らの多くは赤字で、じつは法人税を払っていない。払ってなけりゃ、何％でも関係ないわけ**だね。これは大

事な問題だけど、みんな知らない。日本は企業の9割以上が中小企業。

藤井　その大半が法人税減税の恩恵を受けていません。デフレになってから、ずっとそうです。バブル時代は中小企業も払っていましたけど。

いま中小企業は法人税減税と聞いても、とくにうれしくはない。ところが、消費税減税と聞くと、すごくうれしい。逆に、消費税増税はものすごい大ショックです。**消費税は国民全員からカネをむしり取ります**。中小企業からも、家庭からも、貧困層からも、高齢者からも、子どもからもカネを取って、文字通り全員からカネを吸い上げる。だから安定的な財源になるんですが、**経済をものすごく「効率的に」冷え込ませるんです**。

田原　アメリカで、新大統領のバイデンが法人税増税といってるね。

藤井　バイデンのブレーンの一人が、僕の友人のMMT論者、ステファニー・ケルトンです。彼女のアドバイスも相当効いているようです。

田原　トランプの法人税減税でアメリカの景気がよくなったけど、バイデンの法人税増税で企業が悪くなるんじゃないか、と考えている日本人が少なからずいる。

藤井　株式市場には若干の影響があるかもしれませんが、それもあるかないかわからない程度でしょう。むしろ法人税が上がれば、企業は、国に召し上げられるくらいなら自分で使ってしまおうとして、投資は増え、景気にプラスの効果がある。実際、今年のうちの研究室の計量経済分析でそういう傾向がはっきり示されています。

しかも、消費税を減税すれば景気はさらによくなるでしょうから、長期的には株価も必ず上がるはずです。

田原　日本の消費税は10％。だけど、アメリカは州によって違うけど、十数％とか高いでしょう。ヨーロッパも22％とか25％とか、日本の倍以上ですね。それで、なんで景気が日本よりいいわけ？

藤井　問題は、税率が何パーセントか、ではありません。景気に影響するのは「消費税の税率を変える」こと、それ自体です。**増税することが景気を冷やし、減税することが景気を活性化**します。

日本でも成長していた70年代や80年代に消費税を少しずつ上げていたら、何の苦もなく消費税率は10％や20％になっていたことでしょう。

でも日本はじつに愚かなことに、バブルが崩壊して重篤な状況にあった経済状況で5%に増税し、デフレ不況が深刻化している時期に8%や10%に増税した。これが日本経済に大打撃を与えたのです。真冬の乾布摩擦は健康なときにやれば何の問題もありませんが、風邪をひいているときなら肺炎になりかねません。

安倍「経産省」内閣も、最終的には財務省に勝てなかった

田原　安倍晋三は、財務省に負けたと。なんで勝てなかったの?

藤井　「官僚主導から政治主導へ」という話が出ましたね。その流れは正しいと思いますが、残念ながら日本では失敗しています。**財務省はさらにもう一枚上手**で、政治主導になったことを使って政治家をたらし込み、政治家をコントロールした。結局、政治主導の体裁をとりながら、財務省の思い通りの行政を展開しています。民主党内閣のときからそうで、それが安倍内閣でも菅内閣でも続いているわけです。

田原　でも、もともと安倍さんは財務省を信用してないから、今井尚哉・首相秘書官（その後に補佐官）は資源エネルギー庁次長だった経済産業省出身。内閣官房副長官や経済再生担当大臣に抜擢した西村康稔《やすとし》も経産省出身。学者として第一次政権のときから重用した高橋洋一は、退官後に『さらば財務省！』を書いたアンチ財務省（20年10月から菅内閣の内閣官房参与）。

ようするに安倍内閣は「経産省内閣」。外相や通産相を歴任した親父さんの安倍晋太郎が大蔵大臣になれず、大蔵官僚に煮え湯を飲まされ、結局、首相になれずに病死してしまった。それを父親の秘書官時代によく見知っているから、大蔵省・財務省に対して特別な感情があるんだ。

藤井　そうです。安倍さんの頭には財務省と戦おうという気持ちがある。首相官邸には経産省出身の官僚も大勢いた。それでも、僕は6年間安倍内閣にいて、**安倍晋三さんが財務省の権力に何度も苦汁を飲まされてきた**のを、ここでお話しできないことも含めて繰り返し見ています。

それで最終的には財務省を優先した。結局は勝てなかったんです。

田原　なんで、安倍晋三は戦いきれなかった？

藤井　政権基盤を安定化させるためです。**安定的な政権運用のためには、財務省を怒らせてはならない**という考えです。

財務省が政権に牙をむくと、ものすごい大打撃になる、ということを官邸は非常に恐れている。公共事業とか国土強靭化とかオリンピックとか、やりたいことがいろいろとある官邸は、財務省の協力を得られなければ、何もできなくなってしまう。財務省がサボタージュして官邸が動かなくなってしまうことを恐れたんです。

その「恐れ」がどの程度正当なのか、僕にも最終的にはわかりません。けど、恐れていることだけは事実なんです。

「財務省」優先より「麻生太郎」優先ではなかったか

田原　いや、僕は財務省よりも麻生太郎だと思う。具体的にいいます。

森友問題で朝日新聞が18年3月2日、朝刊一面トップで「森友文書　書き換えの疑い」と財務省の決裁文書改竄《かいざん》を大々的にスクープした。

直後に僕は、自民党の幹部5人に「この責任は麻生財務相にある。麻生は辞任すべきだ。違うか？」と聞いた。すると5人とも「そのとおりだ。麻生は辞任すべきだ」といった。しかし、麻生財務相は辞任しなかったし、辞任するよう迫った政治家も一人もいなかった。

それで僕は、麻生さんととても親しい人に「なんで麻生さんは辞任しないんだ？おかしいじゃないか」と聞いた。すると、彼は「麻生が辞任したら安倍の責任になる。麻生は安倍を守るために、辞めたいんだけど頑張ってるんだ」といった。麻生さんは実際、NHKの取材に「辞めるつもりだった」と話したことがある。

このときから安倍さんは、麻生さんに頭が上がらなくなった。

藤井　そう。その麻生さん問題も強烈に影響がある。まさにそれが安倍内閣の論理です。安倍政権を持続させ、安定運用をしていくためには、菅官房長官と麻生財務大臣という二人の顔が必要、というのが安倍さんの考えだったと思います。それが安倍内閣成功のイメージだというふうに、内閣では認識が共有されていました。

田原　後継を菅さんに決めたことは、僕もかなり早い段階で聞いていた。

藤井　それと同時に、麻生さんの顔を立てることは、安倍内閣を持続させる必要条件だったんです。麻生さんは財務省の主張を完全に代弁する人になっていましたから、安倍さんが麻生さんを動かさない以上、事は必ず財務省の思いどおりに運ぶ。麻生さんが「増税したい」といえば、安倍さんは増税せざるをえなかった。

麻生さんは財務大臣になったとたん、財務省の守護神になってしまった

田原　安倍さんが麻生さんをいつも隣に置いておくのは、なぜだと思う？

藤井　安倍さんは結局、政策にまったく興味がないとはいいませんが、友だちを大切にする方なんだと思います。麻生さんの主張がどうこうとは関係なく、大切な友だちに隣にいてほしい。麻生さんが抜けたら安倍内閣のイメージがものすごく悪くなる、

と思っていた。

田原　そういう〝お坊ちゃん内閣〟ね。じつは、二人はよく似ているんだ。絶対これをやらねば、という強い〝覚悟〟があってなった政治家ではないところが。

雪に覆われた故郷から出てきた田中角栄が、橋をかけトンネルを掘って、冬でも山から町に降りて年寄りが医者にかかれるようにする。出稼ぎしなくて済むよう工場を誘致する。絶対に新幹線を通してやる——と思っていたのとは、全然違うんです。

藤井「財務省を激怒させても国民のために徹底的に戦う」という姿勢が不在だったことが最大の原因だったとは思いますが、やはり、麻生太郎さんを大事にしすぎたことも重大な原因ですね。〝お友だち内閣〟といいますが、真剣にデフレ脱却しようとする意識より、麻生さん大事という意識のほうが強くなってしまったんじゃないか、と僕は僭越ながら拝察しています。安倍さんは、とても〝いい人〟ですからね。総理大臣がいい人というのは、じつはよくないことなんですが。

田原　安倍晋三は、麻生太郎と日本国民とを天秤《てんびん》にかけた結果、国民の経済を破壊してもいいから麻生を内閣に残したかった？

藤井　消費税の税率を10％まで上げてしまった以上、そういわれても仕方ない判断をした、といわざるをえないでしょうね。

田原　藤井さん、麻生太郎にレクしたことは？

藤井　もちろんあります。とくに財務大臣になるまでは僕の話をよく理解してくださっていたと思います。

けれども麻生さんは、財務大臣になったとたん、それまでの理解も首相だったときの主張もすべてゴミ箱行きにして、財務省の守護神になってしまった。その後ずっと財務省の親分で、箸にも棒にもかからないというか、取りつく島がなかった。

増税する内閣に、参与としてとどまることはできなかった

田原　税率10％への最終的な引き上げは、安倍さんは、14年秋に1年半延期（15年10月→17年4月）、16年夏前に2年半延期（17年4月→19年10月）している。これは藤

井さんたちのアドバイスを入れたわけね？

藤井　はい。僕は一貫して税率アップに反対で、安倍さんも2回は踏みとどまってくれたんです。でも、何をいっても次の延期はないと思われたので、18年12月の暮れ、内閣官房参与を辞めました。

僕自身は6年間、国民経済を豊かにして安倍さんの国民的人気を拡大し、安倍さんに日本のデフレを脱却させた立派な政治家だというレガシーを作って差し上げることで、内閣を支えようとしました。しかし、消費税の増税は、僕の最後の生命線というか、譲れない一線。だから、増税する内閣に居続けることはできない、と。

田原　藤井さんに味方する人は、誰もいなかったの？

藤井　そのころには、僕のように反対した人は一人もいなかった。みんな安倍さんに刃向かえず、財務省が怖かったんだろうと思います。

田原　やめるとき、安倍さんに何といった？

藤井　私は増税に反対なので辞めますが、僕は外に出てもっと徹底的に増税に反対して、安倍さんが増税を延期しやすい空気を作ります。それを通して、安倍内閣を支えるように働きます——というのが、僕が安倍さんに申し上げた最後の言葉。菅さんにも二階幹事長にも同じことをいいました。

田原　安倍さんは、なんといったの？

藤井「国土強靱化やアベノミクスの財政政策は、藤井さんの功績だよ。ありがとう。また落ち着いたらメシにでも行こう」——そんな言葉をいただきましたね。実際、参与を辞めてしばらくして、ゆっくり会食しましたから、政策に反対して辞めた割には〝円満退社〟的でしたね（笑）。

19（令和元）年7月21日に参議院選挙があったでしょう。財務省が公約に掲げてくれなくては困るといい、安倍内閣は増税するといって選挙をやった。与党勝利は確実でしたが、問題は勝ち方で、いくらか負ければ増税しない芽はある、と僕は見ていた。ボロ勝ちすれば、増税せざるをえない。結果は改選数124で自民公明の与党が71議席と勝ち、再々延期の芽は摘まれました。それで19年10月に増税です。

田原　なんで10％に上げたんだ、と僕は高橋洋一に聞いた。彼は「安倍さんは消費税10％を2回先延ばしにして、麻生さんを2回裏切った。3回め裏切るわけにはいかなかったんだ」と解説した。あとで安倍さんに会ったとき、そう聞いているが「そのとおりか？」と聞いたら、苦笑いしていた。

藤井　だとしたら、マクロ経済政策論よりも政権運用というか、お友だちを守ることを優先した、といわれても仕方ないですね。

日本経済の成長期、89年に消費税を導入したことは間違っていない

田原　安倍内閣の消費税増税はわかった。次、消費税の始まりについて聞きたい。日本は、かつて消費税ゼロ。消費税や付加価値税という税金そのものがなかった。最初に導入しようとしたのは大平正芳です。大蔵官僚出身で池田勇人（大蔵出身で蔵相、首相）の秘書官も務めた経済通でハト派。僕は歴代首相のなかでは大平さんをとても買っているんだけど、彼はなんで消費税をいい出したんですか？

藤井　税金の負担者と納税者が同じ「直接税」と、税金を負担者と納税者が異なる「間

接税」の比率（直間比率）を見ると、当時の日本は間接税が極端に少ない。物品税（戦前からあり、貴金属・毛皮・ゴルフ用具・車・コーヒーなどに課税）や酒・煙草の税金だけで、全税収の数％しかなかった。諸外国は3〜4割です。

所得税や法人税など直接税の比率が高いと、景気がよければ税収も増えるが、景気が悪いと税収も減る。つまり景気の動向を受けやすく、税収が安定しない。安定させるには、間接税の割合を増やすべきだ。そもそも日本の消費税率は、他の先進国に比べて圧倒的に低い。だから日本国民は間接税に慣れなければいけない、というのが、当時のエリートや経済官僚の考え方です。

田原　太平さんが首相だったのは78年12月〜80年6月（現職で急死）。70年ころに高度成長が終わって安定成長が始まる。右肩上がりが鈍化したから、不景気でも税収が減りにくい間接税、つまり消費税の割合を増やしておいたほうがいい、と？

藤井　そうです。まだインフレ基調は続いていて、経済が膨張していた。バブルが崩壊した91年までは膨張です。経済が膨張していくときは、去年より今年のほうが国が豊かになる。豊かになった分を誰が取るかだから、国家と国民どちらが取ってもかまわない。消費税の増税はインフレのときにするものという理屈にも合っています。だから、当時の消費税導入による増税は、必ずしも致命的に間違えていたものではなかった。

田原 なるほど。ただ、79年10月の総選挙で太平さんが「一般消費税」といったら、国民の多くが反対どころか、一部の自民党候補が選挙演説で反対する事態となって、選挙中に撤回。それは後の祭りで選挙に負けちゃった。

中曽根康弘首相も、消費税が必要と考えて「売上税」を導入しようとしたが、やっぱり国民の反発が強く、法案は廃案となった。

中曽根さんの次の竹下登内閣で、ようやく消費税法が成立し、89年4月から税率3％でスタートした。この消費税の導入は間違いではなかった?

藤井 はい。バブル崩壊以前の消費税は、必ずしも間違いではなかった。89年はバブルの絶頂期に近く、景気はよすぎるくらいよかったから、経済的な問題はまったく起こりませんでした。

実際、欧米では消費税率20％前後という国は珍しくない。なぜそこまで引き上げる

消費税増税の小年表

1979年1月	大平正芳内閣、「一般消費税」導入を閣議決定。
1979年10月	大平首相が総選挙中に導入断念するも議席大幅減。
1987年2月	中曽根康弘内閣、「売上税」法案を国会提出。反対が強く5月廃案。
1988年12月	竹下登内閣、消費税法成立。
1989年4月	消費税法を施行、税率3%。6月リクルート事件などで竹下首相辞任。
1994年2月	細川護熙首相、消費税廃止・国民福祉税7%構想を発表。翌日撤回。
1994年11月	村山富市内閣、消費税率4%・地方消費税1%とする税制改革関連法成立。
1997年4月	橋本龍太郎内閣、消費税率を5%に引き上げ。
2009年9月	民主党が総選挙に勝ち政権交代（鳩山由紀夫首相）。公約は「消費税率4年間上げず」
2010年6月	菅直人首相、「消費税10%」を打ち出した参院選で惨敗。
2012年6月	野田佳彦内閣、消費税率を14年8%、15年10%とする法案提出。8月成立。
2014年4月	安倍晋三内閣、消費税率を8%に引き上げ。
2014年11月	安倍晋三内閣、税率10%へ引き上げを1年半延期（15年10月→17年4月）。
2016年6月	安倍晋三内閣、同じく税率引き上げを2年半延期（17年4月→19年10月）。
2019年10月	安倍晋三内閣、消費税率を10%に引き上げ。軽減税率8%を導入。

ことができたかといえば、各国がずっとインフレだったからです。インフレのとき、増税したいという政治判断があるなら、どうぞ自由にやればいい。

日本経済がダメになったのは97年、橋本内閣の消費税5％からだ

田原 バブル崩壊より後の時代では、消費税の増税はダメ？

藤井 そうです。それは絶対ダメですね。91年のバブル崩壊で経済が縮小しはじめた。去年より今年のほうが収入が少なく、みんな苦しくなる。そこで増税すれば国民をなお苦しめる。そんな状況では消費税の増税をしないというのが、世界の常識です。

ところが、日本の橋本龍太郎内閣は、バブル崩壊の数年後でまだ経済が立ち直っていない97年、**世界の常識に反して消費税率を3％から5％に上げた**。そこからきりもみ式に**日本経済がダメになった**。寒くなれば服を着る、暑くなれば脱ぐという状況に応じた対応をせず、極寒の中で馬鹿みたいにとにかく服を脱ぐように、状況を見ずに

もし、97年の消費税増税がなければ、日本は経済大国・文化大国・生活大国化していた！

- 皆の所得はいまの「倍」くらいにはなっていた
- 格差問題、貧困問題はなかった
- 国民に余裕がもっとあり、芸術・文化がさらに発展
- 「経済大国」のままで、外交力も格段に強かった
- 尖閣問題もなく、北方領土問題もここまで後退しなかった
- コロナ対策ももっと万全だった（補償も医療拡充も十分！）
- 科学技術力ももっと増進していた
- 財政も健全化していた

増税したことが問題です。

97年に消費増税をやらなければ日本はどうだったか、という僕の見方を示しておきます。**いま平均的な家庭の年収は450〜500万円ですが、これは1000万円前後に到達していたでしょう。格差も貧困問題も、いまほど激しくなかったはず**です。

もう一つグラフを見てください。日本のGDPは、80年90年とずっときれいに右肩上がりで伸びています。バブル崩壊で傾きがゆるくなりますが、まだ伸びている。ところが、97年から日本のGDPがダメになった。一目瞭然でしょう。

田原　齋藤健《けん》という通産出身の自民党国会議員が朝日の『論座』の連載で、日本はこんなにダメになったという話をしている。実質GDPは1995〜2019年に中国7・8倍、ASEANと韓国3倍弱、日本はわずか1・2倍とアジアでひとり低迷。

一人あたり名目GDPは、日本は円高のせいで95年に主要国でトップだったが、19年には米独シンガポールなどよりも低く、4・3万ドルから4万ドルに減った。

株式時価総額ランキングでは、20年11月末時点で世界上位50社入りしたのはわずか1社で、49位のトヨタ自動車だけ。英フィナンシャルタイムズによるコロナ禍で強い

経済全体でみても、消費税増税から、停滞が始まった

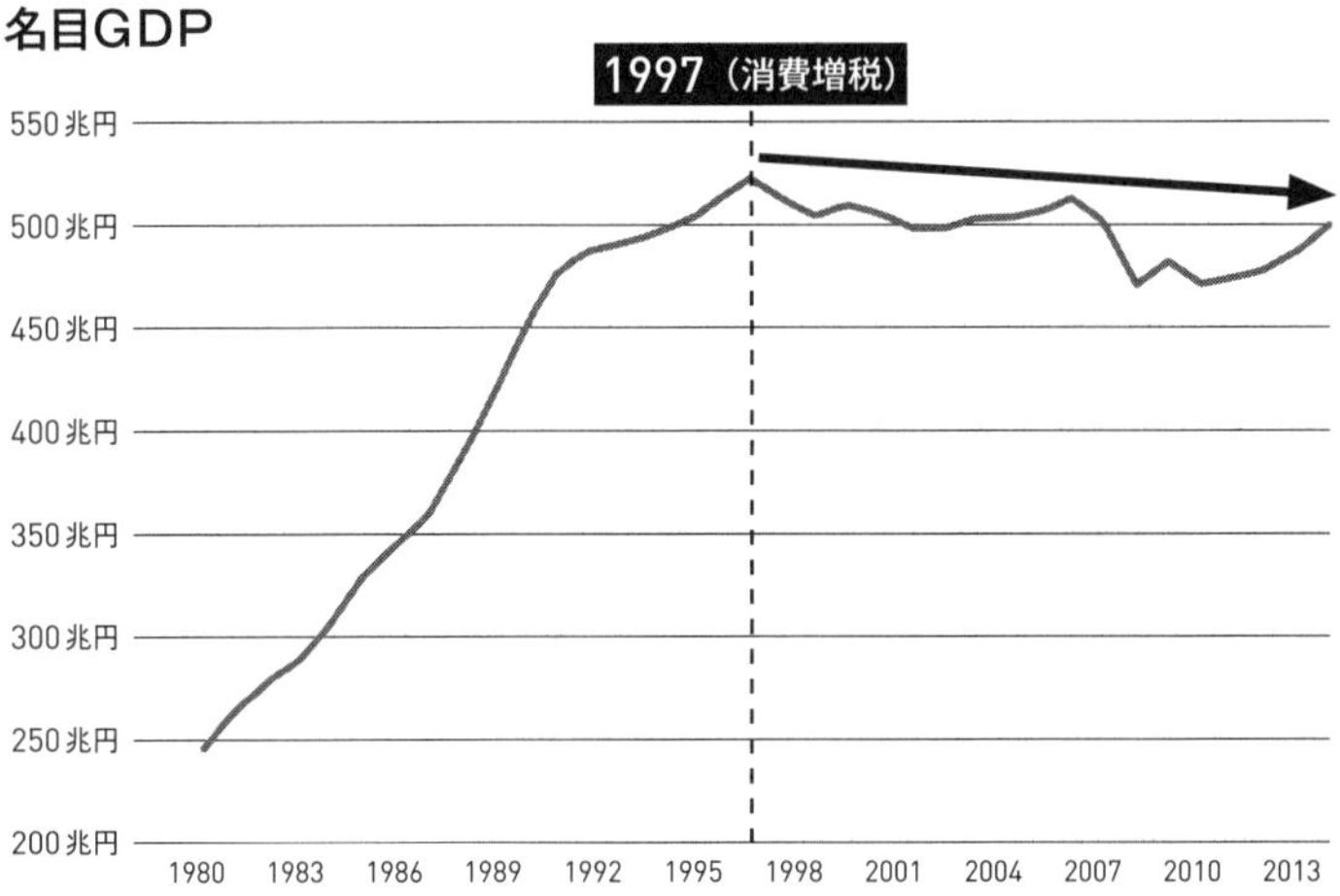

企業100社（20年前半で時価総額が増えた上位100）のうち日本企業はたったの3社。スイスのビジネススクールＩＭＤの世界競争力ランキングで、16年の29位が20年に55位と、どかーんと落ち込んでしまった、と。

なんで日本は、それも日本だけが、こんなに落ち込んでしまったのか。藤井さんは、その元凶は橋本内閣が97年4月にやった消費税増税だ、というわけね。

「失われた20年」の出発点が「アジア通貨危機説」は、大間違いである

藤井　そうです。僕がかねてからいっていることですが、**日本経済のピークは消費税増税をおこなったまさにその97年で、そこからダメになってきています。**91年のバブル崩壊が「失われた20年」の出発だとイメージされている人が多い。でも、じつは97年まではまだ成長していたんです。

97年に何か激震が起こったことは確かです。多くの経済学者やエコノミストは、97

〜98年が失われた日本の出発点だ、とわかっています。そこで二つの説があります。「アジア通貨危機」説と、もう一つが「消費税増税」説です。

田原　どちらかが、日本を悪化させた〝犯人〟。

藤井　はい。まずアジア通貨危機。タイや韓国などで通貨が暴落し、これで日本経済がダメになった、という意見が、メディアに出るような経済学者やエコノミストたちには多い。

しかし、これはデータから、明らかに間違いです。もしアジア通貨危機が原因だったならば、外需──輸出が冷え込んでいたはずです。たとえばリーマンショックで日本が大ダメージを受けたとき、輸出は27兆円減っています。

田原　アメリカがガタガタになって、日本は輸出大幅減。ふだんから「アメリカがくしゃみをすると日本はかぜを引く」といわれるけど、このときは、アメリカが大かぜを引いて日本は卒倒か入院したようなものだった。

藤井　同じように、アジア通貨危機で日本が大ダメージを受けたなら、輸出が大きく減ったはずですが、減っていません。横ばいです。

田原　97〜98年に日本の輸出は減ってない。だからアジア通貨危機は問題ではない。

藤井　そうです。ところが97〜98年に大きく減ったものがある。何か？　それは日本の国内消費です。消費はバブル崩壊後も97年までは右肩上がりずっと増えていた。すでに触れたように、消費は日本経済の60％近く、僕たちが毎日生活して、ご飯を食べたり買い物したり旅行したりといったことが、日本経済のボディをなしている。

これが97年にピタッと止まって、減りはじめてしまったんです。その原因が3％から5％への消費税の増税にあることは、理性ある経済学者、エコノミストなら誰も否定できないでしょう。

経済企画庁は税率5％に猛反対したが、大蔵省が反対を封じ込めた

田原　橋本龍太郎さんが消費税を5％に引き上げたのは97年4月。その夏から秋にかけて景気が急激に悪化し、11月に三洋証券、北海道拓殖銀行、山一証券、徳陽シティ

銀行が倒れ、日債銀や長銀も危ないという話になった。金融危機ですね。

その翌98年7月に参議院選挙があった。選挙前、野党が大幅「恒久減税」の要求一色となったとき、橋本首相は「恒久的な税制改革」といったので、僕は彼を『サンデープロジェクト』に呼んで、恒久減税するのかしないのか聞いたんです。

すると「恒久的税制改革」と繰り返して言葉を濁す。新聞はその言葉で全紙が「首相、恒久減税へ」と書いていた。「じゃあ、新聞は全部間違いですか?」「恒久的税制改革なんて、国民は逃げととらえますよ」と問い詰めたら、橋本さんは大汗をかいて絶句してしまった。テレビカメラはそれを淡々と撮り続けた。

翌月曜の朝刊各紙は「総理迷走」と書いた。その後、橋本さんは「恒久減税する」といったんだけど、国民には優柔不断の泥縄表明としか見えず、選挙で惨敗。直後に辞任に追い込まれてしまった。

橋本龍太郎さんは、本当は減税したかったはずだけど、大蔵省が大反対したんだ。財源がないから、減税といい出せなかった。

藤井　そうでしょう。増税したくてたまらない大蔵省が、こんな財源はどうでしょうなんてアイデアを出すはずもない。

田原　橋本増税に反対した人はいなかったの？。

藤井　いました。橋本内閣の田中秀征《しゅうせい》経済企画庁長官は、鬼のように怒って反対したんです。経済企画庁には当時、マクロ経済がわかるエコノミスト、インテリが大勢いた。そのレクを受けていた田中・経企庁長官は「絶対やめろ」といった。

ところが大蔵役人たちが橋本龍太郎さんのところに、「いや、絶対大丈夫です。増税してまったく問題ありません」とこぞって説明しにいった。

たとえば、官房長官だった梶山静六さんは当時を振り返って「大蔵省の説明を鵜呑みにした私たち政治家が（中略）財政再建に優先的に取り組むことを決断した」と語っています。で、**実際に増税したら経済がメチャクチャになった。**それがわかってから、梶山さんは田中経済企画庁長官のところに行って、「**俺は大蔵省にだまされた。この前はすまなかった。**（消費税増税の確認をした）閣議のとき、**あんたがいったとおりだった」と謝罪したという記録も残って**います。

つまり、弱小官庁の経済企画庁エコノミストがダメだと口をそろえても、官庁の中の官庁、いちばん格上の役所の大蔵官僚が大丈夫だと請け合った。それでみんな「大蔵省のほうが正しいのだろう」と思って、〝騙された〟んです。それで増税した。

ところが、日本経済は1年でボロボロになった。**97年の消費税増税は日本の命運を分けました。**太平洋戦争の命運が、ミッドウェー海戦の敗北で一気に尽きていったようなものだったんです。

97年の消費税5％から日本国民の〝貧困化〟が進みはじめた

藤井　97年の消費税増税によって日本がダメになったことは、GDP成長率、家計消費、賃金などあらゆる尺度が実証的に示しています。

政府の資金供給量が急激に減って、実質賃金も激しく下落しました。つまり国民が〝貧困化〟してしまったんです。世帯所得が減ったこと、サラリーマン・サラリーウーマンの給与が減ったことを示す167ページのグラフをご覧ください。

田原　日本人の受け取り額は、絵に描いたように減り続けている。

藤井　こうなることは、実証的のみならず理論的にも明白です。バブルが崩壊して成長が急速に鈍化した不況のとき増税すると、経済はさらに悪化してデフレーション、つまり経済規模の縮小が始まってしまう。

世の中でおカネがグルグル回って生産や消費をしているとき、貨幣循環のあらゆる局面でおカネを取ってしまうのが消費税。医療で体内にたまってしまった血・体液・うみなどを外に出すために入れる管や袋をドレーンといいますが、あれと同じです。あらゆる血管にドレーンをさして血を抜き続けていれば、そりゃ血も循環しなくなるでしょう。体力もどんどん弱くなっていく。

世帯所得は消費税増税の97年から一本調子で下がっています。給与所得は消費税率を5％、8％、10％と上げるたびに、ガクガクと下がっています。

だから、デフレ脱却前には絶対に増税してはダメで大至急、消費税増税の凍結、つまり「消費税0％」を実現すべきだ、と申し上げています。

田原　貧困化や格差の拡大を招いたのは、新自由主義をやった小泉純一郎・竹中平蔵

消費税増税した1997年から「世帯所得」が激しく下落し始めた!

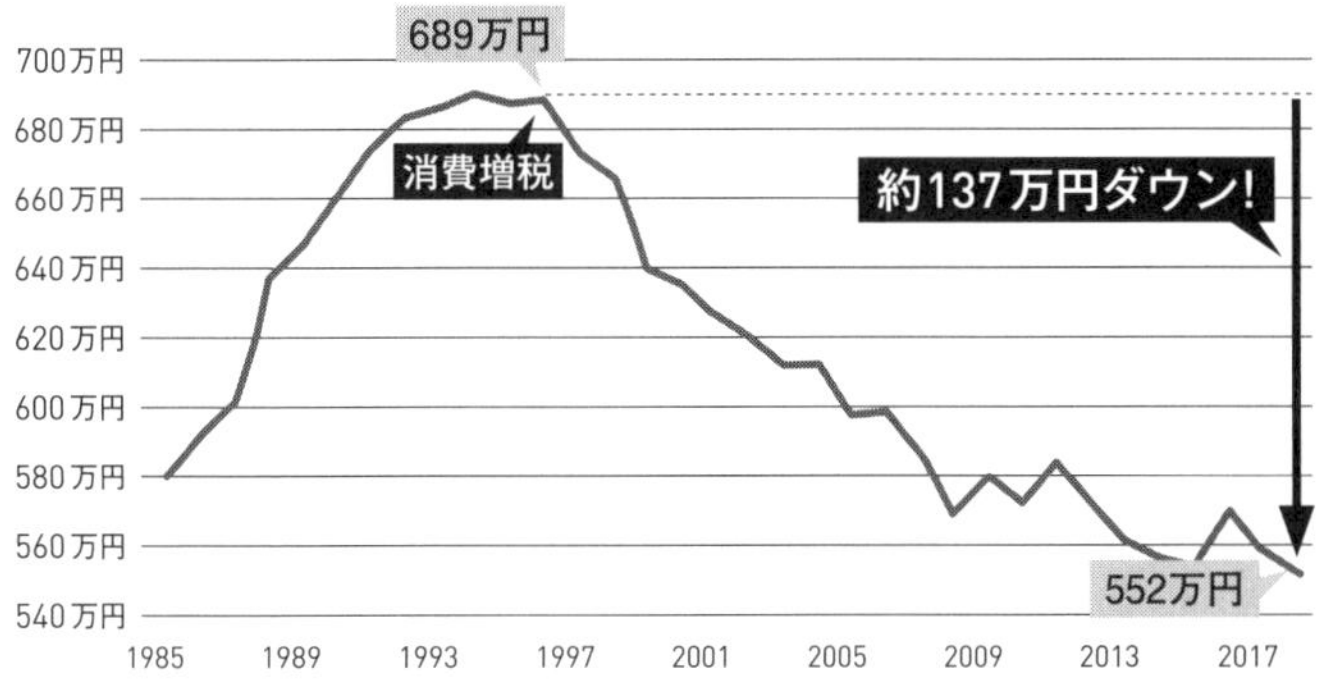

国民生活基礎調査　1世帯あたり平均所得金額、世帯業態・年次別の報告値を、消費者物価指数（持家の帰属家賃を除く総合指数）で調整した実質値

消費税増税を繰り返すたび賃金は激しく下落してきた

出典：毎月勤労統計調査　実質賃金　指数及び増減率 - きまって支給する給与（5人以上）（調査産業計）

コンビだという人が多いけど、これも違うね。小泉内閣は01（平成13）年4月から06（平成18）年9月までです。小泉時代は、むしろ下げかかったものの傾きを抑えているじゃないか。

藤井　まあ、それはたまたまアメリカが好景気で外需が伸びたからです。それはさておき、支えようとしていたので残念でなりませんが、実質賃金は第二次安倍晋三内閣のもとで激しく凋落しています。実質賃金を短期間でこれだけ低下させた内閣は、戦後においては安倍内閣以外にない。実質賃金が7％も減ってしまっています。

財政を悪化させた真犯人は「消費税増税」なのだ！

田原　「貧すれば鈍する」というけれども、カネがなくなってくると、経済以外のものがダメになっていく。どうですか？

藤井　おっしゃるとおりです。GDPが大きいのは、みんな所得が多く貧困が少ない

「赤字国債」発行額が、増税直後に激増している。つまり、消費税増税こそ、財政悪化の第一原因だった！

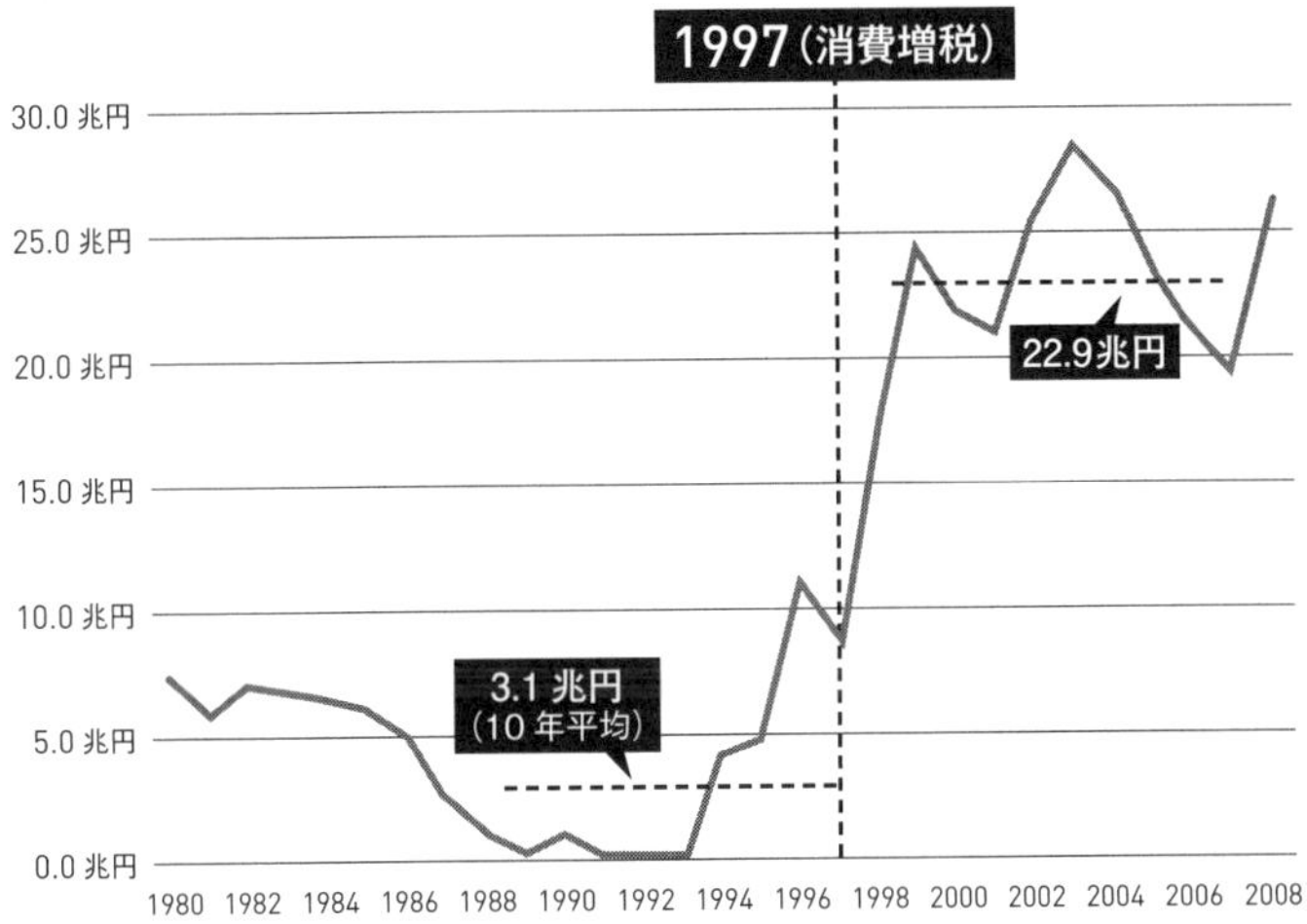

ということですから、国民に余裕が生まれ、芸術や文化もさらに発展していく。

あとで話が出ると思いますが、格段に強い外交力も発揮できる。研究開発投資も旺盛で、科学技術力も、もっと高まる。リニア新幹線も通っているし、都市開発も防災対策も進んでいる。ノーベル賞をもっとガンガン取れる国になっている。

つまり、**GDPが順調に成長していけば、日本はいまよりもはるかに経済大国、文化大国、生活大国になっていたはず**です。ところが、現実は逆になった。97年の消費税の増税が、そうしてしまった。みんながお金持ちになれば、税収も増えて、政府の財政もいまよりはるかにラクになったはずです。

「赤字国債」発行額の推移グラフを169ページに示しておきます。日本は昔からガンガン赤字国債を出して、列島開発なんかをやったと思っている人がいるかもしれませんが、違います。97年までは10年間の平均でたった3兆円ちょっとしか出していません。それが増税してデフレになったことで、一気に10年平均で23兆円まで増えてしまった。したがって、財政を悪化させたのもまた消費税の増税なんです。いま国債発行額は30兆円から40兆円時代になっています。

消費税増税でデフレになり、日本だけが世界から取り残されてしまった

田原　日本がデフレで苦しんでいる間に、欧米はふつうに成長していたわけね。

藤井　はい。日本だけが置いてけぼりになってしまった。日本、アメリカ、ヨーロッパ、中国、その他という五つに分けて、1985年から2015年まで30年間のGDPの推移を示したのが、173ページのグラフです。

まず目に着くのが、アメリカの一本調子の成長。そして2005年前後からの中国の急成長。これは6年前までのグラフですから、米中の差はさらに縮まっている。

田原　アメリカは、何があってもへこまないんだ。すごいな。リーマンショックでも傾きが気持ち緩やかになっただけで、すぐ元通りになっている。

藤井　その他は新興工業国や途上国で、2000年代になって急成長した。欧州と日本は、90年代後半に沈んだ点が似ていますが、その後、横ばいから下り坂は日本だけ

です。リーマンショック後の落ち込みも、欧州より日本のほうが激しい。

グラフの始まり時点で、日本のGDPの世界シェアは約20％でした。いまは6％以下。中国の半分以下で、アメリカの5分の1の国になってしまった。

現実を直視しよう
過去20年でマイナス20％成長。そんな国は日本だけだ！

田原　消費税増税で、日本はここまでダメになった。
藤井　はい。**30年間で数千兆円規模というような大きな富を失った。**税収も数百兆円規模で失った。日本のプレゼンスも著しく失われた。**その結果、アメリカも中国もロシアも、日本を軽んじるようになってしまった。**
最後にもう一つ、174ページにグラフを示します。これはいま見た30年間のうしろ3分の2、20年間の各国のGDP成長率を、高い国から並べたものです。
世界平均は139％。中国は1400％というとんでもない成長をしていますが、

世界の中で日本だけが取り残された

名目GDP（30年の推移）

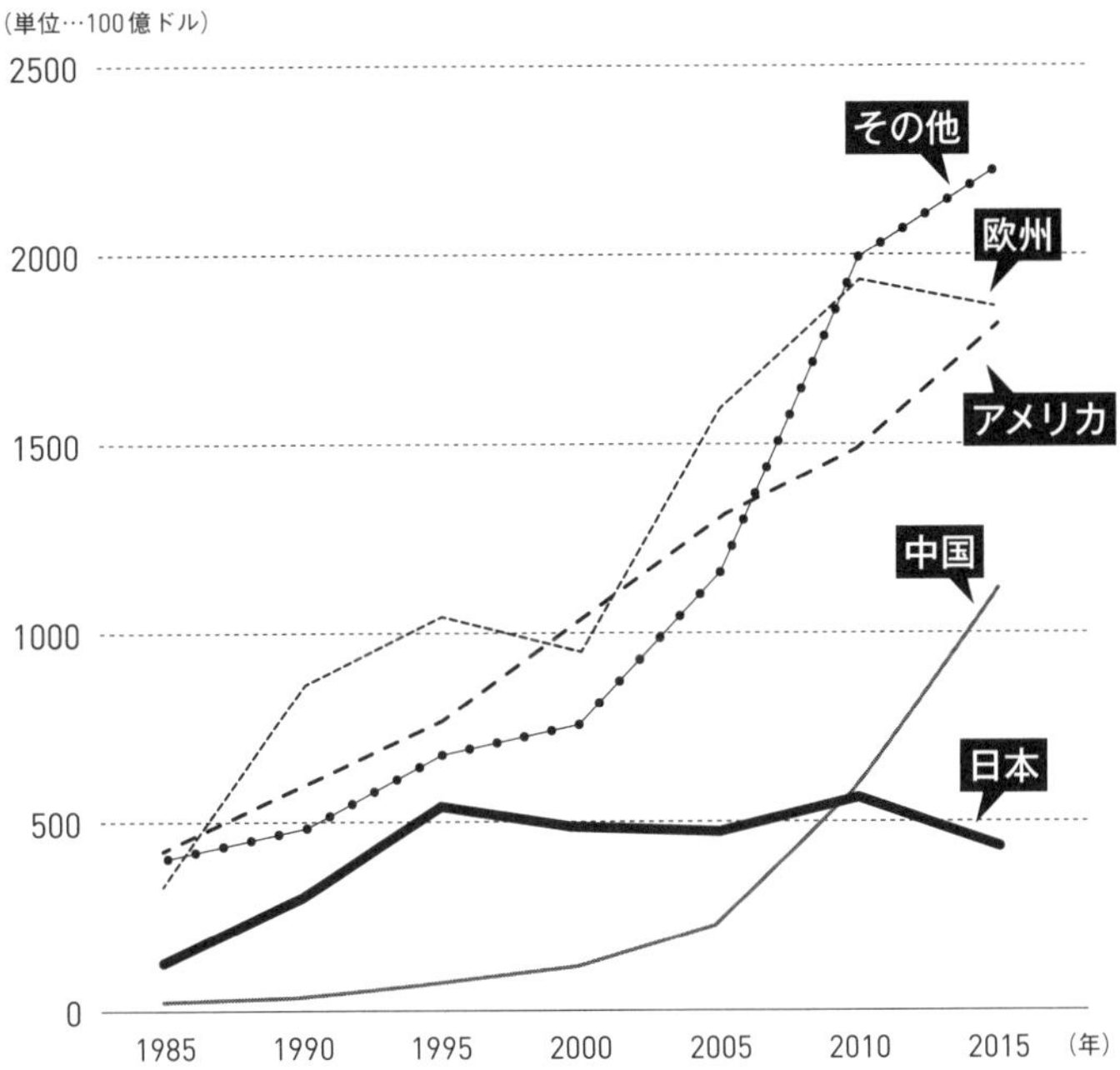

20年間、日本だけまったく成長していない

各国の「成長率」ランキング（1995～2015までの20年間の名目GDP成長率）

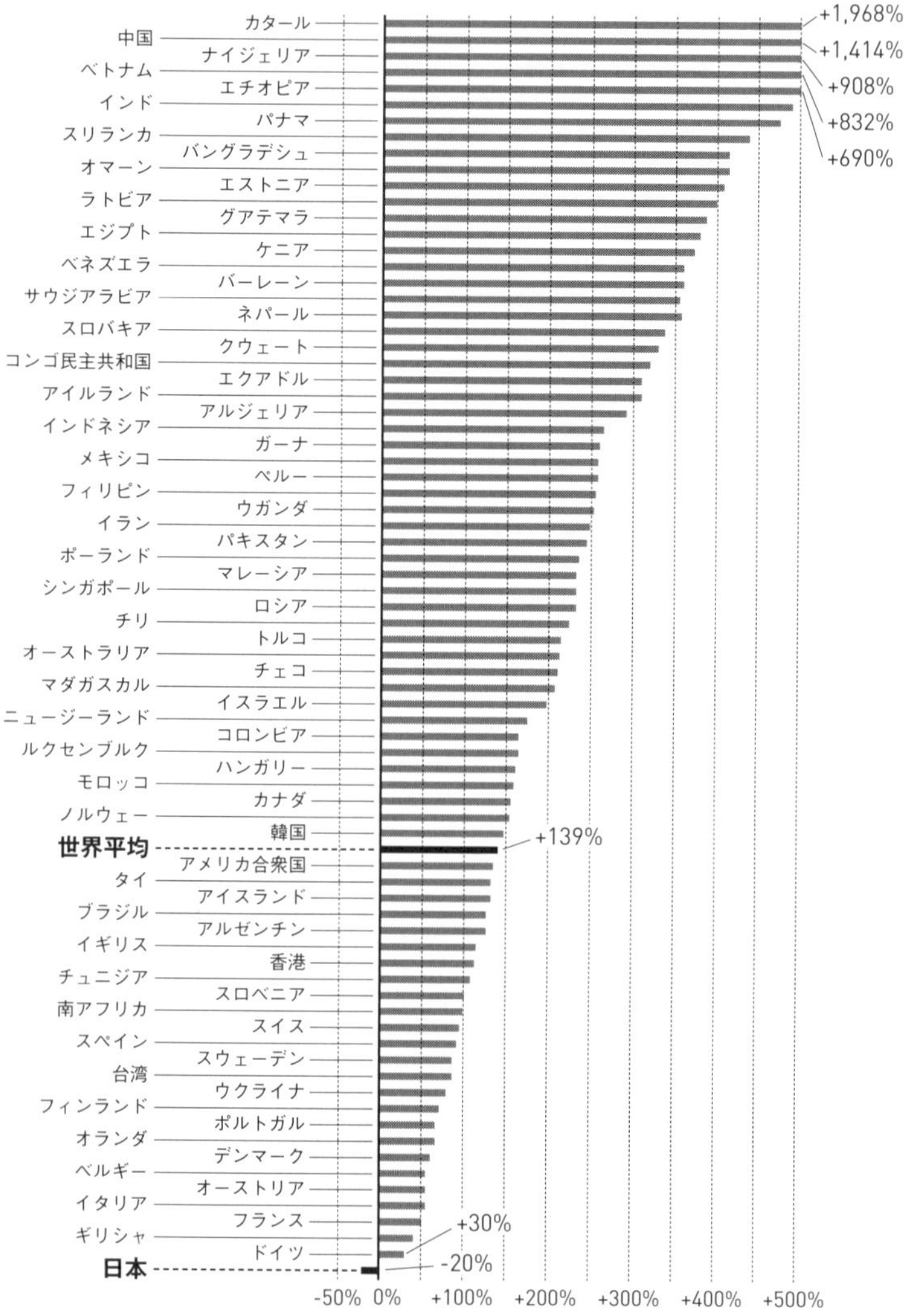

ガンバレ！藤井センセ

消費税0%にせよ!!
えーいいじゃん!!
インパクトがあってよい!!
うむっ
ありがとうございます
コロナ終息まで限定で0%にすべきなんです!!
消費税0%いつなるの？
消費税増税止められなかったのにできるの？
どうなの藤井くん。
衆議院選挙で…!!
絶対やったほうがいいのに何でやらないか僕もわからん!!

当然ながら成熟国家は、それほど高い成長はしていません。先進国、とくにヨーロッパ各国は、だいたい世界平均より下に並んでいます。

田原　南アジアやアフリカのように、国民が若くこれまで貧しかった国は当然、高成長する。高齢化が進んだ国は高成長しにくい。移民を受け入れるアメリカは、若く働き盛りの100万人くらいの集団が国内で毎年生まれるから成長する。

藤井　この悲しいグラフでわかるように、世界でダントツに取り残されてしまった国がわが日本です。つぶれかけているんじゃないかといわれた南欧諸国すら、何十%か成長しています。**いちばんダメな日本は、なんとマイナス20%成長**なんです。

日本政府も財務省も、メディアも経済学者も、なぜこんなことになったのか説明すべきです。そして、**日本の過去の経済政策が間違っていたことを認め、まともな政策に転換**しなければなりません。

プライマリーバランス規律をはずしたうえでの「消費税0%」が、その大いなる一歩となる。日本は、いますぐそうすべきなんです。

第4章

「財源がない」を何もしないための切り札に使う困った人々

コロナ禍で政府のいうとおり自粛する国民に、補償を出すのは当たり前だ

田原　この章では、まず藤井さんの「提言3　粗利補償」、そして「提言4　危機管理投資」について議論したい。提言三つ目、企業に対する粗利補償から。

藤井　新型コロナ感染で最初の「緊急事態宣言」が出てから1か月ほどたった20年5月上旬、僕はＫＢＳ京都のラジオ番組で人びとへの補償の問題について話しました。タイトルは「『自粛しろ、でも補償はしない』は政府の虐待だ！」です。

田原　補償しないことが、政府の国民に対する虐待？　これは穏やかではない。

藤井　過激です。僕の内閣官房参与としてのアドバイスを6年間も聞いてくださった安倍首相が率いる政府に対して、そこまで批判するのは裏切り行為だ、という人もいるかもしれません。

しかし、日本国民がふだんからまじめに高い税金を、いやいやながらでも支払って

いるのは、国や政府や自治体というものは、いざというとき自分たちを助けてくれる存在に違いない、と信頼しているから。その政府や自治体が、外出自粛だ、ステイホームだ、テレワークだ、とにかく家にいてくれ、という。

田原 新型コロナの感染を封じ込めるにはそれしかない、と。

藤井 そうかな、仕方ないな、と思ってみんな家にいる。欧米では若者などが中心になって冗談じゃないと、イベントを強行したり街で暴れたりするけど、日本人の多くは政府や都道府県のいうことを素直に聞きました。

しかし、役所や大企業勤めではなく年金暮らしでもない人、とくに飲食店、旅館やホテル、旅行業やタクシー、興行やエンタテインメントなど、お客さんに足を運んでもらってなんぼの商売は、自粛が長引いて人びとが家に引きこもり続ければ、つぶれてしまう。これに対して補償を出すべきだというのは当たり前。諸外国がふつうにやっていることです。

田原 日本では、そんなことはできない。1200兆円も借金がある。さらに100兆円200兆円なんてカネを出せるはずがない——と、みんな反対した。

藤井　ＭＭＴが教える財政出動でカネは出せるのだ、という提案を検討もせずに、財務省が出せないといっているから出さないとは、何事か。それこそまじめに働いて納税し、家にいろという要請も従順に受け入れている国民に対する裏切りではないか。国民いじめ、虐待ともいうべき大問題ではないか――これが僕の主張です。

田原　そのラジオ番組で、粗利補償をすべきといったんですか？

藤井　そのときは粗利補償という言葉は使わなかったと思います。補償の具体的な手法以前に、**国民よ覚醒してくれ、もっと怒れ、怒っていいんだ**、と訴えたかった。

田原　そもそも**日本経済がデフレの深い底に沈んでしまったのは、別に国民が怠けていたせいなんかじゃない。政府がデフレ下の増税という誤った経済政策を繰り返したからだ**、というのが藤井さんの考え。だから、余計に頭にきたわけね。

遅れた緊急事態宣言、曖昧な自粛要請、少ない補償、たれ流しのメディア　国民よ、もっと怒ろう！

藤井　一つ強調しておきたいことがあります。
最初の緊急事態宣言は20年4月7日に東京・神奈川・埼玉・千葉・大阪・兵庫・福岡の7都府県に出て、16日に対象を全国に拡大。5月14日に39県で解除。21日に大阪・京都・兵庫で解除。25日、1か月半ぶりに残る首都圏1都3県と北海道で解除、という流れでした。
でも、「報告された感染者数」のピークは20年4月11日です（全国の新規感染者720人）。そうなる「現実の感染」のピークは3月25日ころです。
田原　ある人が新型コロナに感染してから、発症・受診・PCR検査・検査結果判明・報告・全国で報告をとりまとめて発表までに、2週間か、それ以上のタイムラグが生じる。だからそうなる。
藤井　はい。今日わかった感染者数は、2週間前に感染した数である、と。死亡はさらに遅れて感染の3～4週間後くらい。日本のように高度な医療機器で手厚い治療をする国では、重症者が長く持ちこたえますから、死亡はなお先になる。
いずれにせよ、緊急事態宣言の4日後が感染者数のピークで、5日後から減り始めたということは、その2週間のタイムラグを考えれば、宣言による自粛効果とは関係なしに減ったのが明白です。

これは2回目の緊急事態宣言でも同じです。21年1月7日に東京・神奈川・埼玉・千葉の首都圏1都3県に出て、13日に栃木・愛知・岐阜・京都・大阪・兵庫・福岡に拡大。「報告された感染者数」のピークは21年1月8日です（全国の新規感染者7949人）。そうなる「現実の感染」のピークは20年12月25日のクリスマス前後です。

田原 2回目は緊急事態宣言を出した翌日が感染者数のピーク。最初より3日早いタイミングで出したんだね。3日だけ進歩したの。

藤井 いずれにせよ、2回目の緊急事態宣言も、感染者数のピークアウトに何ら貢献していないんです。

新型コロナについてはさまざまな細かい議論が必要となりますので、このあたりでやめますが、緊急事態宣言の発出や解除に明確な基準がなく、成り行きで場当たり的な対応をしたことが大問題でした。

宣言は期間や地域にもっとメリハリをつけ、自粛要請も何人以上の飲み会不可、複数人同室のカラオケ不可、イベントはマスク着用で飛沫対策を基本とするというように、明確に打ち出さなければ。なんとなく危なそうだから全国に出しておくか、みたいな**宣言で国民を脅かし、自粛要請して、補償が手薄いのでは話にならない。**

田原　**メディアによる検証も全然足りない。**〝発表ジャーナリズム〟だから、政府や自治体発表を右から左へとたれ流して、ろくに検証しないんだ。

藤井　まったく同感です。

「コロナで損した分を全部出す」シンプルな粗利補償はいちばん効率的だ

田原　東京の居酒屋は夜7時で酒類の提供終了、夜8時で閉店。協力してくれる店にはおカネを出しますと小池百合子都知事はいったんだけど、これもわかったようでわからない。客同士の距離が必ず2メートル離れていてガンガン強制換気する店なら、夜10時まで営業しても感染は起こらないだろうし。それに夜7時にボトルを出せば、

8時まで酒を飲んでいていいんだよね。あまり意味がないんじゃないか。

藤井　そうそう。しかも、居酒屋に酒を卸す業者、氷を納入する業者、毎日おしぼりを届ける業者など、**補償すべき対象は飲食店だけじゃない**。

だから自粛要請にともなう政府からの「補償」は、幅広く、あらゆる産業をカバーし、国民全員に行き届くものでなければダメなんです。この点でも粗利補償はよい方法です。従業員の賃金補償を含むから、仕事を失うパートやアルバイト対策を別立てでやらずに済むし、家賃など経費の支払いにも対応できますから。

田原　支援制度があれこれあるが、どれも申請が面倒なうえ金額が少ない。無利子で返済は3年後からといった融資制度は使えそうだけど、結局、借金は残る、しかもこの自粛騒ぎがいつまで続くかわからない。

ならば、夫婦そろってそろそろ高齢者（65歳以上）だから、思い切って店や旅館を閉めるか、というケースが増えるんじゃないか。後を継ぐ子どももいないし、処分すれば老後資金になり、年金と合わせてなんとかやっていけそうだ、と。

藤井　そう。それで廃業してしまうと、コロナ禍が終わったとき、やり直しがきかない。さあ、やっとお客さんが前のように来てくれるぞと思ったら、ある観光地で旅館やホテルや土産物屋がこんなに減っていたというのでは、地域を再生できません。**日本政府は、ただちに粗利補償の制度設計をして、スタートさせるべきです。年100兆円を2年続けても問題ありません。**

公共事業を叩きすぎて、日本のインフラはボロボロになってきている

田原　わかった。次は提言四つ目、危機管理投資について。

日本では、70年代に戦後復興から続いたインフラ整備が一段落した、といえると思う。家庭には〝三種の神器〟がひととおり行き届いたし、新幹線も高速道路も空港も、とりあえずできた。公害や交通戦争といった問題も噴出して、ちょっとやりすぎたかという反省も生まれた。高度成長期の終わりが始まったんですね。

70年前後は大学紛争もあって、混乱が続いていた。僕は『ドキュメンタリー青春』

なんて番組で、シンパシーを感じていた若者たちを盛んに取り上げたんです。でも、そんな混乱もすーっと収まっていった。日本列島改造論の田中角栄が首相だったのは72～74年。やっぱり時代を見事に象徴した人物で、彼の退陣は建設土木で日本をガンガン変えていく方式の終わりのように見えた。

80年代に景気がどんどんよくなり、日本は世界一の債権大国だ、一人あたりGDPでアメリカを追い抜いた、カネ余りだとなって、大規模開発をやった。しかし、これまたバブル崩壊でしぼんでいく。90年代に毎年「特別経済対策」って公共事業を繰り返したでしょう。それでも日本経済は一向に浮上しないから、いくらインフラをやってもダメじゃないかという雰囲気が強くなった。

これがその後のグローバル化、IT化やデジタル化につながっていき、鉄とコンクリートで巨大なものをどーんと造るインフラはもう古い、という感じが生まれていったと思う。どうですか？

藤井　イメージ的にはそうでしょう。でも、インフラなんて古くさい、ダムや道路や堤防を造る「公共事業」などろくでもない、時代は「コンクリートから人へ」という考え方、というか〝空気〟は日本の未来を閉塞させる悪しきものでしかありません。

僕は民主党政権時代に『公共事業が日本を救う』という本を書きました。政権の公共事業バッシングがあまりにも理不尽なので頭にきて、公共事業叩きは日本の公益を激しく毀損する反社会的な暴挙だ、と主張したんです。

いまは、公共事業が当時のように〝悪の権化〟としてやり玉に挙げられることはない。インフラ整備という公共事業を取り巻く空気が変わってきた、と思います。

日本は地震活動期に入った。南海トラフや、首都直下型地震が必ず襲ってくる

田原　なぜ、そうなった?

藤井　理由は大きく二つあります。一つは自然環境の変化、もう一つは世界の経済環境の変化です。

まず自然環境ですが、阪神・淡路大震災が襲った1995年ころから**日本は「大地**

震時代」ともいうべき地震活動期に入りました。地震が少ない高度成長期に造ったインフラでは不充分です。1本足で支えていた阪神高速道路が倒れたのを見れば、誰でもわかるでしょう。インフラ整備の重要性は、2011年3・11の東日本大震災でもすべての日本人の身に染みました。

南海トラフ沿いの大規模地震（M8〜M9クラス）が今後30年以内に発生する確率は70〜80%。昭和東南海地震・昭和南海地震の発生から70年以上たっていることから切迫性が高い状態です（気象庁　南海トラフ沿いの地震に関する評価検討会、地震防災対策強化地域判定会による）。

同地震の人的被害想定は、東海地方が多く被災するケースで死者最大32・3万人。経済被害想定は、震源が陸側のケースで、被災地の資産など169・5兆円、全国の経済活動への影響が58・8兆円です（13年5月　中央防災会議　防災対策推進検討会議　南海トラフ巨大地震対策検討ワーキンググループ）。また土木学会は、GDP全体への長期的被害も含めれば1410兆円という推計値も示しています。

M7クラスの首都直下型地震の発生確率も30年以内に70%とされ、人的被害想定は最大2・3万人で、経済被害想定は95兆円です（13年12月　首都直下地震対策検討ワーキンググループ）。同じく土木学会試算では825兆円といわれています。

田原　どちらが起こっても、**東日本大震災を上回る死者が出る。**南海トラフでは、04年スマトラ沖巨大地震をはるかに超える世界史上最大級の死者が出る恐れがある。どちらでも日本の国家予算1年分か、それ以上の経済被害が出る。

藤井　と、日本政府が公式に想定しています。

田原　日本で新型コロナの最初の死者が出たのは20年2月13日。21年3月15日までの累計死者数は8645人。南海トラフの最大死者想定は、その37倍。

藤井　そうです。人的被害も経済的被害も、全然ケタ違いです。

「異常気象」は常態化した。台風が強大化し、九州、西日本の集中豪雨にインフラが追いつかない

田原　自然環境の変化では、**台風や集中豪雨の被害も増えている。**

藤井　地球温暖化で海水温が高くなると、水蒸気の発生量が増えて台風が強大化します。このため台風被害が猛烈になってきていて、**日本は「メガ台風」に毎年のように襲われかねません。**メガ台風が東京に上陸して高潮が発生したら、東京の下町は水浸しで１２０兆円規模の経済被害が出る、という土木学会の試算もあります。

19年の台風19号（令和元年東日本台風）では、東北や上越地方などの合計１４１か所で堤防が決壊してしまった。非常に恐ろしいことです。

温暖化は、北極やその周囲の大気循環を変動させ、高〜中緯度の偏西風（ジェット気流）を蛇行させます。暖気と寒気の境目を西から東に吹く気流の流れが、北極上空から見て円形に近かったところ、凹凸のある梅の花みたいな形になる。

すると、①ジェット気流が南下した場所では、夏は寒気が入り込んで大気が不安定になって突風や竜巻が起こりやすくなり、冬は異常低温・寒波・豪雪が起こりやすくなる。②ジェット気流が北上した場所では、夏の異常高温・熱波・干ばつが起こりやすくなる。③ジェット気流が南西から北東に流れる場所では、南西から暖かく湿った空気が流れ込み、集中豪雨が発生しやすくなる。

ここ数年、九州地方などで多発して大きな被害を出している豪雨被害は、③のメカニズムです。**「異常気象」というけど、常態化していますね。**

田原　暖かく湿った空気が同じような風向きで陸地の山にあたり続けるから「線状降水帯」ができて、同じ場所に長時間大雨が降るんだ。

藤井　自然環境が変わり、地震も台風や豪雨も甚大な被害が起こっています。インフラの整備やメンテナンスで被害を低減化する必要性を、みんな感じている。もう「コンクリートだ！」といってバッシングする人は、いなくなりました。

田原　さっきの南海トラフ巨大地震の被害想定は、想定時のインフラのもとでの試算結果。今後のインフラ整備しだいで、死者や被害額を減らすことができるね。

藤井　報告書に、①建物の現状79％の耐震化率を100％にして出火防止対策などをすれば、資産などの被害額は170兆円を80兆円とほぼ半減できる、②さらに津波避難の迅速化などで、生産・サービス低下の被害額は45兆円から32兆円と3割ほど減らせる、と書いてある。僕の試算でも30兆円のインフラ投資で、1410兆円の被害額を4割減らせるという結果でした。

〝ムダなダム〟の代名詞とされた八ッ場《やんば》ダムは、台風19号で雨水を大量に貯め、貯水池の水位が2日間で54メートルも上がった。それで下流を守りました。

中国の巨大インフラ投資「一帯一路」は、かつての田中角栄のような「ユーラシア大陸改造論」だ

田原　もう一つ、世界の経済環境の変化というのは?

藤井　中国が典型的です。**いまもっとも急速に経済成長している中国は、まさに列島改造論ならぬ〝ユーラシア大陸改造論〟をやっています。**

中国の習近平は13～14年に「一帯一路」構想をいい出した。一帯は、中国からユーラシア大陸を横断してヨーロッパにつながる「シルクロード経済ベルト」です。一路は、中国沿岸から東南アジア、南アジア、アラビア半島、アフリカ東岸を結ぶ「二十一世紀海上シルクロード」です。

この陸上ベルトと海路の「一帯一路」地域で、インフラ整備や貿易促進をおこなっ

て、経済成長の柱とするというんです。

田原 田中角栄の列島改造にも似たユーラシア大陸改造論。

藤井 それでヨーロッパとのコネクションを強固にし、一帯上にある中央アジアの小国や、一路上にある沿岸諸国を支配下に収めていく。莫大なカネを投じ、技術と労働者をガンガン輸出してインフラを造ることで、それを実現する。アジアインフラ投資銀行（AIIB）はそのために設立した。

もはや、そういう時代に完全に移ってきました。**新幹線のレベルなんて、圧倒的に中国のほうが日本より高くなっているし、高速道路のレベルもそうです。**

「財源がない」という緊縮財政ニッポンは、世界のインフラ競争から大きく取り残されている

田原 11年だったか、中国で新幹線が事故を起こした。隠そうとしたのか、面倒くさいと思ったのか知らないけど、大急ぎで埋めちゃったという話があった。

藤井　あれから10年。いまは中国のほうが圧倒的に上です。もちろん昔は日本の新幹線が世界一。中国は日本からまるごと輸入して分解し、徹底的にマネしたといわれましたけれども。日本は国際競争でも勝てなくなった。

田原　日本のほうが中国より進んでいるという技術は、ないの？

藤井　もちろんトヨタのガソリン自動車とリニアモーターカーなどがありますが、優位性も急速に失われようとしている。

とくに脱炭素化でガソリン自動車の命運が尽きつつあるなか、トヨタが電気自動車でどこまで勝負できるか。リニアモーターカーも、中国のものは時速400キロと遅いんですが、上海空港へのアクセスで、日本のリニア中央新幹線に四半世紀も先んじて建設されている。**日本はずいぶん昔に始めたのに、建設はどんどん遅れている。**

田原　大深度地下でトンネルを掘ったら地上で穴が開いた、地盤が沈下したと大騒ぎになっている。静岡県知事も、リニアが地下水脈を切ってしまい水資源の保全上問題だといっていて、建設が遅れると。

藤井　日本のインフラは、たとえば自動車1万台あたりの高速道路密度を見ると、G

7で最下位の水準。中国をはじめ世界がインフラ競争でしのぎを削るなか、日本だけが失われた20年の間に停滞し、取り残されています。

さきほど田原さんがおっしゃったように、高度成長期にインフラを造り、バブル期にも造ったからもう充分だ、という認識になってしまったのが大問題です。

世界の経済競争の環境が大きく変わり、**日本もインフラ整備を加速していかなければ完全に取り残され未来はない**、というのが現実の世界状況なんです。

田原　だから、提言4は、危機管理投資だ。それも**ただの公共事業じゃない。危機管理に結びつくものを重点的にやれ**、と。

公共事業というのは、巨大な穴を掘ってまた埋め戻し、世の中のためにまるで役立たないように見えても、雇用を創出し、有効需要を創出できるんですね。とはいえ、田舎に立派な道路を通して、熊が横切るのと車が走るのとどっちの回数が多いんだ、なんていわれるようではまずい。

藤井　もちろん。しかし、そんな熊しか通らないような道路を作る余裕は日本にはありません（笑）。いま作っているインフラはどれも厳しい評価に晒されたうえでなお必要なものだ、というのが現状です。

「リニア新幹線」は「東海道新幹線」のバックアップ「危機管理公共事業」は急がなければダメだ

藤井　ところで、まさにいまの新型コロナが問題を露呈させましたが、〝危機管理〟は、現在の日本がもっとも重視すべきキーワードの一つだと思います。

たとえばリニア新幹線は、日本の中央部、それもトンネルを通るから地震に強い。対して東海道新幹線は、地上の盛り土の上を走る部分が多く、地下よりはどうしても安全性が低くなる。しかも海沿いを通るから、南海トラフ巨大地震の大津波に直撃される恐れがあります。浜名湖あたりなんて、すごいところを走っている。

田原　そうか。よく利用しますが、考えて見れば怖い話だ。250キロくらいで走っていて、あの盛り土が崩れたら、旅客機の着陸失敗みたいな事故になるかも。燃料を積んでいないから、火災は起こらないのが救いか。

藤井　だから、**リニア新幹線は東海道新幹線のバックアップ**という意義があります。これはたんなる公共事業ではなくて、危機管理投資の話なんです。日本は、ＭＭＴの教える財政出動を駆使し、危機管理投資に注力する必要があります。僕が提唱したいのは、10年計画といった長期的な投資計画を立案して、機動的に運用することです。

田原　どういうこと？

藤井　まず優先順位をつけて10年計画を立てる。デフレが深刻な状態であれば、それを5年で終わるように加速させる。インフレならばテンポを緩めて、12～13年で終わるように調整する。さらにインフラ懸念が強ければ、15年に伸ばしてもいい。日本では、こういう危機管理投資、危機管理公共事業が絶対に必要だ、と僕は考えています。

中国はＭＭＴも地政学もわかっている　ますます中国は拡大し、アメリカは凋落する

藤井　さらに申し上げると、田原さんには釈迦に説法ですが、『資本論』のカール・

マルクスという人は、「上部構造と下部構造」といいました。

田原　「上部構造」は法的・政治的な諸関係や社会意識の諸形態のことで、道徳・芸術・宗教なども上部。その土台になっているのが社会の生産関係の全体で、これが「下部構造」。上部は下部に依存していて、下部が変われば上部も変わるから「下部構造は上部構造を規定する」と。

藤井　じつは私の専門でもある交通の構造というのは、マルクスがいう下部構造そのものです。たとえば、東京と大阪の間に新幹線を通して3時間で行き来できるようにしたら、そのことで日本の南側沿岸の太平洋ベルトの意味が昔と変わり、三大都市圏が一気に発展した。

下部構造が大きく変わって上部構造がガラッと変わるというのがいわゆる唯物史観ですけど、マルクス経済学の社会分析的な観点からいうと、上部が発展せずに停滞しているのなら下部構造をいじって上部を発展させることができる、ということが見えてくる。上部構造と下部構造は、一方向だけの関係ではなくて、相互に関係し合っているんですね。

田原　弁証法的な関係。

藤井　中国は、このことをよく理解しているので、一帯一路という陸路や海路、交通の構造、つまり下部構造を盛んにいじっている。そこに集中的に投資している。

これは中国が、マクロ経済学やMMTを押さえているだけでなく、地政学をちゃんと勉強しているからでもある。**地政学をおさえた国が世界の覇者になる、と中国は理解している。**ヨーロッパも当然、理解している。ドイツ、中国、ロシアといった大陸国家は、そこがわかっている。アメリカは北米大陸の半分を占めているんだけど、巨大な島みたいな存在で、海洋国家的です。すぐモンロー主義や不干渉主義といい出したりして。だからマッキンダーが唱えたような地政学をいまいち理解していない。

この意味で、これから**二十一世紀の中盤にかけてますます中国が拡大し、アメリカの凋落が進む可能性がある**、と僕は見ています。中国が地政学をしっかり認識しているからですよ。

田原　なるほど。その点、日本は海洋国家でアメリカに近いでしょう。ロシアやドイツのようなランドパワーじゃなくて、シーパワー重視。日本海海戦のときの連合艦隊参謀・秋山真之《まさゆき》がアメリカ留学で、マハンの海洋地政学に学んだというくらいでね。陸軍はドイツに学び、中国大陸でランドパワーを発揮しようとして大失敗したんだ。

藤井　日本列島の地政学を考えると、ロシアとガス・パイプラインをつないでおけば、ロシア以外の国ぐにに対してエネルギーのバーゲニングパワーがつく。実際、クリミア半島争奪は、つまりガス・パイプラインをめぐる戦いだった。中国は中央アジアでパイプラインを盛んに敷いている。日本はまだ孤立したままです。こんなことも含めて**インフラ整備が止まっていることが、日本凋落の最大の原因**の一つともいえるでしょう。

全社員のモチベーションを重視した松下幸之助の「日本的経営」

田原　この章のテーマに戻ると、粗利補償で企業を救うし、危機管理投資も企業を救うことになる。そこで問題は、その救われる企業の側も、少なからぬ問題や欠陥をかかえている、と僕は思うんだ。

僕は40代のころ、松下幸之助にインタビューした。彼は80歳くらいだったかな。もちろん日本を代表する大経営者だった。

経営者というのは企業経営のどこにいちばん注目するのか、と僕は聞いた。すると松下幸之助は、経営者というのは全従業員がどうすればモチベーションを持ち続けられるかを考えるものだ、という。

藤井　すばらしい。それこそ日本型経営です。

田原　だから当然、松下幸之助の経営理論には、マルクスなんて一切ない。全社員がモチベーションを持ち続けるということは、松下幸之助は社員を絶対にリストラしないんです。

それに、若いときはみんな使われる側だけど、松下電器でまじめにずっと働けば、係長、課長、部長、役員、社長と出世していく。つまり中年以上になれば、使われる側から使う側に移る。このことを全社員が共通認識にしているから、松下電器では革命なんか起こらない。自分もいつか必ず人を使う側になる。自然とそうなるんだから、革命をやってひっくり返そうなんて思わない。

マルクスは、つまりは資本主義が労働者を商品化し、疎外した。経営者は商品をなるべく安く買い叩こうとする。労働者まで安く買い叩こうとしたから、労働者の怒りが爆発して革命になる。松下ではそうならない。これが「日本的経営」。

日本的経営こそが日本企業をダメにしたのか？ デフレが日本企業をブラック化したのか？

藤井　たいへん結構じゃないですか、それで。

田原　ところが、これが日本をダメにした、という見方がある。

企業再生で知られる冨山和彦にいわせると、日本的経営というのは結局、30歳すぎると係長、課長、部長、役員と順を追って出世するシステムを固定してしまった。偉くなろうと思えば、必ず上のいうことを聞かなければダメ。だから日本の企業では正論がいえない。

たとえば数年前、東芝の粉飾決算が明るみに出た。あんなものは、中堅以上の社員であれば、みんなわかっていたことなんです。僕が東芝の幹部に、なんで粉飾といわなかったんだと聞いたら、「いえませんよ。いった瞬間に左遷ですから」といった。

つまり日本の大企業では、上のいうことをつねに聞き、空気を読んで協調型にならなければ、出世できない。だからチャレンジできない。これが日本企業がダメになった原因だ、と。

もう一つ、取締役会というのは全員が社員で、外から人を入れない。最近は外部から取締役や監査役を入れるようになったけど、ちょっと前まで非常にクローズド。社長以下全員が守りの経営をやってしまう。それで、IT化に対応できず、経営のあり方を抜本的に変えることもできず、アメリカや世界の周回遅れになってしまった。もう3周遅れくらいだ、と。これはどうですか。

藤井　いまご指摘の問題があることを、僕は否定はしません。大企業もそうだし、官僚の世界もそうでしょう。そんな日本的な上下関係の問題はあると思います。

しかし、企業経営や企業改革の話では、すでにお話ししたようなデフレの問題、消費税の増税問題が完全に見落とされている。これはきわめて深刻な問題です。病気治療のとき、医者の診断（病因の判断）が間違えていたら、治療法がすべて間違ったものになりますよね。それと同じ。原因を見誤ったら、処方箋がすべて間違っていることになる。前章の終わりにお話ししたように、日本のGDPだけが右肩上がりで伸びなくなった。世界のグローバル企業というのは、右肩上がりの社会のなかで伸びている企業です。トヨタも松下も、日本が右肩上がりだった時代に伸びた企業です。

ところが、社会全体が伸びなくなった。日本だけが世界に取り残されてしまった。結果、あらゆる企業の収益が激減し、そんななかでも無理に利益を上げようともがいた挙げ句、**あらゆる業界でブラック企業がはびこる**ようになっていった。東芝の例はそういうケースの一つで、日本的経営のせいというよりは、やはり**日本経済がデフレで激しく衰退し、沈み込んでしまったことが本質的な原因**なのです。もし売り上げが充分あれば、そんな不正は起きなかった。もちろん、不正を生み出す圧力が日本的経営によって加速した側面はあるでしょうが、それは補助的原因に過ぎません。根本の原因はデフレです。

日本にはアメリカ型経営は向かない「日本型資本主義」でいくべきだ

田原　日本的経営が、日本企業をダメにしたのではない？

藤井　そうです。日本型経営が日本をダメにしたという話もいま、半ば常識になっていますが、それもまた、完全に間違った常識の一つ。そもそも**アメリカ流の株主資本主義が非常に問題だというのは、いまやアメリカでも主流になりつつある。**日本では、たとえば安倍さんが提唱した「日本型資本主義」や、起業家の原丈人さんが提唱している「公益資本主義」のような、利潤追求以外のさまざまな社会的、公共的要素を重視する資本主義が必要だと思います。西部先生がソシオ・エコノミクス、社会経済学を研究されていましたが、そういう視点が不可欠です。

田原　日本の企業はかなり、いわゆる〝社会主義化〟している、と僕は思うよ。たとえば日本最大の企業トヨタの社長は年収3億円ですよ。アメリカでは70～80億円なんてざらでしょう。日産のカルロス・ゴーンが、フランスなら20～30億円が当然だけど日本では無理ということで10億円。で、あといろいろ色をつけた、と。

藤井　日本には、いまだに日本型資本主義が残っていると思うんです。しかし、最近のコーポレートガバナンス改革、自己資本利益率を重視して効率的に利益を生み出していくROE革命といったものが、どんどん**日本型資本主義や日本型経営をアメリカ型経営に変えていこうとしている。これは、僕はよくない**と思っています。

田原　たとえば、竹中平蔵。話したことありますか？

藤井　一度、二階さんなどもいらっしゃる席で食事をご一緒しました。ほかの出席者には申し訳なかったんですが、ほとんどずっと竹中先生と僕で論争していた。

3％というような成長が非常に重要であること、増税はマイナスが大きいこと、危機管理の重要性などは意見一致できたか、できるだろうと思いました。本音は安倍さんの消費税増税もよくないと思っていらしたのではないか、とも感じた。20年11月ころ、田原さんの番組で「いまのような緊急時には、国債を出し借金して財政出動をやっていいんだ」とおっしゃっていたから、MMTでも僕と意見が近いのかなと思った。

しかし、構造改革の問題、郵政民営化をはじめとする民営化の問題、アメリカ型経営などでは水と油で、かみ合わなかったように記憶しています。竹中先生が進めた民営化方針は日本経済に大きな禍根を残した、と僕は思います。

田原　小泉・竹中の郵政民営化の前、80年代半ばには中曽根康弘首相が国鉄・電電公社・専売公社の民営化をやった。国鉄は87年にＪＲと清算事業団。電電は85年にＮＴＴ。専売は同じ85年に日本たばこ。半官半民だった日本航空も87年に完全民営化。いいじゃないの。僕は評価しているし、中曽根さんのやったよいことという人が多いでしょう。民営化はよくない？

藤井　はい、よくなかったと思います。国鉄には労組問題があって、それを解消するために改革したわけですけど、そのためにＪＲ東日本とＪＲ東海の連携がうまくいかなくなって、東海道新幹線と東北新幹線の相互乗り入れが実現しないなど、ネットワーク性が損なわれてしまった。

田原　いや、それは些細な問題で、猪瀬直樹のいっていた東京メトロ（旧・営団地下鉄）と都営地下鉄の〝バカの壁〟みたいなものでしょう。民営化で親方日の丸がはずれて、ふつうの企業のように効率的に儲けるようになったじゃないか。民営化で事故が増えたなんてこともないと思う。

藤井　いや、失敗の要素は大きい。いわゆる、経済学の教科書に出てくる「市場の失敗」が山ほど出てきている。それはまったくもって些細な問題じゃない。とくに郵政民営化は最悪だった。民営化が全部ダメではないとしても、少なくとも**民営化は是々非々でやるべきであって、とにかく民営化という流れは全体主義といっても過言じゃない。**

必要なかった郵政民営化。否決されたら衆院解散で小泉勝利の謎

田原　郵政民営化の前、竹中平蔵から電話がかかってきて会いたいと。困ったことが起こった。小泉純一郎が郵政を民営化しようとしていて、担当大臣になってくれといわれた、という。なればいいじゃないかといったら、「いや、郵政の民営化は、する必要はまったくないんだ」といった。

藤井　ああ、竹中さんは、そういったんですか。

田原　小泉が郵政大臣だったときは財政投融資というものがあった。それが問題だったんだけど、財投はその後なくなった。だから郵政の民営化は必要がない。郵政の人間の月給が税金から出ているわけではない、と。

藤井　そう、必要なかったんです。

田原　「じゃあ、民営化する必要はないといえばいいじゃないか」「いや、小泉さんは頑固だから、民営化をやるといったらやる。自分が反対してもやって、やると絶対に失敗する」「じゃあどうする？」「3週間待ってほしい。その間に郵政民営化の理屈を考えるから、それを田原さんに説明したい」という話だった。

3週間後、僕一人では自信がないから、自民党幹事長もやった石原伸晃《のぶてる》を誘って二人で聞いた。ところが、二人とも竹中さんの説明をまるで理解できなかった。

藤井　そんなわからないことを、政府がやっちゃあ、絶対にダメじゃないですか。

田原　郵政民営化法案は、衆議院を5票差で通らなかった。つづく参議院も確実に否決される状況だった。そこで金曜日に前総理大臣の森喜朗が小泉と会い、「参議院では必ず否決される。だから継続審議にしよう、そうしておけば、この先、俺たちが必ず民営化を実現するから」と持ちかけた。ところが小泉純一郎が「いや、参議院で採決する。否決されたら衆議院を解散する」という。「絶対負けるぞ。お前は郵政民営化をしたいのか？ 衆議院を解散したいのか？」「解散したい」と。そこで金曜日に森が僕に、経緯を説明して、日曜日の『サンデープロジェクト』（テレビ朝日系）に出してくれ、そこで小泉をこてんぱんにやっつける、といった。

そのとおり、森喜朗さんは日曜日の朝、小泉さんをこてんぱんに批判したんです。にもかかわらず、小泉首相は月曜日、参議院で法案を採決して否決。そしたら、参議院での否決を理由として衆議院を解散した。おかしい。理屈が通らない。だけど、解散総選挙に勝っちゃったんだよね。なんで勝ったんだろう？

小泉純一郎は〝日本のトランプ〟あの選挙から日本は変わった

藤井　スペインに『大衆の反逆』を書いたホセ・オルテガという哲学者がいました。僕は大衆社会論の専門家でして、その大衆論をずっと研究しています。

田原　西部邁はオルテガを尊敬して、よく引用していたよ。

藤井　そうです。僕も西部の弟子としてオルテガを非常に尊敬しています。オルテガは、陳腐で凡庸な欲求だけを持ち、やたらと自説を傲慢にも叫び続ける大衆が、エリート層に反逆して主役に躍り出る時代の危険性を警告しています。その観点からいって、小泉さんの郵政解散は、まさに「大衆」の危険性を加速する言語道断の暴挙だというのが、われわれの基本的な認識です。僕はあの瞬間「日本の政治は殺された」と思いました。

田原　でも、小泉純一郎は、なんで勝ったの？

藤井　大衆社会だから、ですよ。理屈ではなく気分やムードが重要視された必然的帰結です。退屈しきった大衆が既得権をぶっつぶしてくれそうな小泉さんをヒーローに見立てて、とくに合理的な理由もなく「暇つぶし」にふざけて応援したわけです。もう政界を終生引退状態ですが、かつての大阪の橋下徹さん現象を見てもよくわかる。

大阪都構想と郵政民営化論はそっくりです。イメージだけで選挙を勝ち抜く手口。日本ではそれが、郵政民営化の解散大勝利のところから始まったんです。

田原さんがいま話したように、小泉さんは何もわかってなかった。それでもやりたいことを中身を無視してやったわけですから、完全に政治家失格。いわゆるポピュリズム、大衆迎合政治の最悪の形でした。劇場型民主主義なんていわれて、おもしろければ何でもいいということに、あの選挙からなってしまった。

田原　当時、官房副長官だった安倍さんは、その成功体験を身近で見た。第二次安倍内閣で、その成功をもう一度というイメージがあったんじゃないか？　ある意味で、日本のトランプだね、小泉純一郎は。

藤井　そうですね。

「構造改革」をどの政権でも言うのは、まともな財政政策をやっていないということだ

藤井　民営化を危機管理という点からわかりやすくいうと、12年12月、中央自動車道の笹子トンネルの天井が130メートルも崩落して9人が亡くなった事故があった。

あれは結局、政府が道路公団を民営化してNEXCO中日本という民間会社にやらせたことによって、規制が緩んでしまった。郵政も民営化したことで郵便局のサービスレベルが激しく低下してしまった。決して**民営化は成功しているわけではなく、むしろ問題を大きくしている。**

バスの規制緩和によって、高速道路のツアーバスの事故が起こりました。関空でも民営化したことで投資が進まず、台風21号のとき浸水して閉鎖ということがありました。民間会社はどうしても利益を優先して、長期的な安全を軽んじる傾向があります。

田原　いや、そういうけどね。たとえば日本では、赤ん坊のミルクは全部、民間会社が製造販売していると思う。でも、民間会社製は安全に問題がある、という話が出ていますか？　薬だってなんだって、そうじゃないか。飛行機も民間会社が飛ばすから国営航空機や軍用機よりよく墜ちるとは、いえないんじゃないの？

藤井　はい。民間が社会経済に必要なのは当たり前。民間活力は日本にとって必須です。何といっても、事故なんて全然起こさない企業だってたくさんある。しかし、だからといって**すべて民間にやらせりゃいいっていうのは完全な暴論**です！　民間にはできず政府にしかできない大局的仕事が山のようにある。そして**「長期的」インフラビジネスにおいては、民間のほうが政府より事故のリスクが高くなる**、という項目が確実にある。どうしても、短期的利益を政府よりも追求する傾向が強い民間のほうが、視野が「短期的」になってしまうことが往々にしてあるからです。その常識を愚かにも忘れ去って何もかも民営化しようとしたから、笹子トンネルで多くの無辜《むこ》の民が命を落としたんです。彼らは民営化の大義のために命を落とすべきだった、とでもおっしゃるのでしょうか？

いずれにせよ、大局的にはこんな背景があるだろう、と僕は考えています。

まず、日本は経済成長できていないとみんな認識しています。そのために何かしなければいけません。ふつうであれば政府が財政政策や消費税減税をやって経済を上向かせようとするもので、これが王道です。ところが、財務省がプライマリーバランス規律を盾に、断固としてそれをやらせない。すると残された方策は改革しかない。

戦え！藤井センセ

消費税0%になったら――…
GAME
ASOBI
あたらしいPC買って～♡
ゲーム買って～♡
旅行して～♡
楽しみー♡
消費UP!!
で、本当に0%になんかできるんすか?
どうしてできないんだ?
僕も安倍前首相の内閣官房参与のときにガンガン言うてたんですけど…
政治家も財務省には逆えなくて…
ゴゴゴゴ
財務省
逆う奴は消すよ～ん♡
知らんっ
いけ！戦ってこい！藤井さん！
プライマリーバラーンス♡
あ――ん
GO!
ぴー
ぴー

だから、構造改革、民営化、規制緩和などをやって経済成長しましょう、という議論ばかりになる。日本政府が、小泉内閣、安倍内閣、菅内閣とどの政権でも必ず「構造改革」を打ち出すのは、財務省がまともな経済政策である財政政策をやらないことの当然の帰結だ、と僕は思います。

田原　そうか。またしてもその問題に行きつくわけか。

藤井　構造改革は、インフレのときとデフレのときでやり方を変えるべきだ、と僕は考えています。インフレのときは、構造改革をやり、貿易自由化を進め、外資も導入し、移民受け入れもある程度拡大していいでしょう。逆にデフレのときは、構造改革を中断して規制を強化し、保護貿易をおこない、移民も縮小する必要があります。

いまはひどいデフレなのだから、何から何まで構造改革を進める必要なんてないし、むしろ控えるべきです。特定のイデオロギーだけを信じて暴走してはいけないんです。つねに状況を見ながら、是々非々で対応する必要がある——私たちはこの常識を思い起こす必要があると僕は思います。

第5章

世界から日本がナメられはじめているのに手を打たない困った人々

「資本主義の行き詰まり」をどうすればよいのか？

田原　いま、世界の経済学者たちが、資本主義は行き詰まりだ、といっています。たとえば『21世紀の資本』を書いたフランスのトマ・ピケティ。『プログレッシブ・キャピタリズム』（進歩的資本主義）で市場原理主義の暴走を止めるといったアメリカのジョゼフ・スティグリッツ。行き詰まった資本主義、どうすればいいですか？

ドイツは70年前から労働者代表が取締役会や監査役会に参加する「労使共同決定」制度をやっている。ああいうものを強化していく？

藤井　政府が何らかの形で大きな役割を担う必要があります。「国家資本主義」（ステート・キャピタリズム）で「修正資本主義」に変えていく必要がある。

ピケティは、資本や所得の歴史研究から、資本主義は格差を拡大していくもので、実物市場より金融市場のほうが儲かるようになっているんだ、と明らかにした経済学者。彼は、もっと大きな政府で格差是正の税制を導入すべきだという。
スティグリッツも、修正資本主義の重要性を説き、政府がもっと格差是正に関与すべきで、公共投資もやるべきだという。

田原　オカシオ・コルテスというアメリカの女性政治家はご存じですか？　アメリカ史上最年少の下院議員。ニューヨーク市ブロンクスの労働者階級の出身で、89年生まれかな。民主社会主義者ですね。

藤井　彼女が主張する政策は、単一支払者による国民皆保険、公立大学や専門学校の無償化、雇用保障制度などで、財源はＭＭＴ（現代貨幣理論）による財政出動、つまり国債です。先ほども紹介した僕の友人で、いまバイデン大統領にアドバイスしているＭＭＴの主唱者ステファニー・ケルトンがこのコルテスの主たるブレーン。彼女が積極財政論を徹底的にレクしたのです。

世界はいま、僕がまさに主張しているＭＭＴ、財政規律の適正化、国家資本主義といった方向に動き始めています。経済財政の「常識」が、大きな音をたてて変わりはじめているんです。この方向性を日本政府を率いるどなたが実現するか、それが

２０２１年か、10年後かそれとも20年後になるかで、日本の未来は決まる、と僕は思います。

田原　先延ばしすればするほど、日本経済は落ち込み、暗い未来が待ち受けている。

藤井　そうです。間違いなくそうなります。

「市場の失敗」を避けるためには、適切に管理することが必要だ

田原　資本主義経済の基本は自由主義。人びとが自由な市場で自由に競争し、よりよい生活を求めていくことがいいことなんだ、というのが『国富論』を著した十八世紀イギリスの経済学者アダム・スミスでしょう。つまり「神の見えざる手」。

藤井　しかし、完全に自由なマーケットでは必ず問題が生じるから、政府が適切に介入し市場の歪みを矯正していく。いわゆる「市場の失敗」を回避するために、どうしても何らかの方法で市場を管理する必要があるんです。

田原　市場の失敗。どういうことですか？

藤井　ただ自由な市場まかせにすると、独占・寡占の問題、市場の外で発生する公害のような問題、市場を通さない公共財をめぐる問題、売り手と買い手に格差が生じる情報の非対称性の問題はじめ、さまざまな問題によって、価格メカニズムがうまく働かない。その結果、資源の望ましい配分ができない。これが市場の失敗です。ちなみに、道路公団民営化後に起きた笹子トンネル事故も、市場の失敗の一例です。

田原　第4章の終わりに藤井さんは、民営化はよくないといった。中曽根さんは国鉄・電電・専売の〝国営〟をやめて、市場原理にまかせたんですね。日本人はみんな「よくやった」と思った。

藤井　当時は、思ったんですよ。

田原　いや、僕は肯定的なんだ。国鉄が生産性向上をやろうとしたら、当時の組合は「反マル生闘争」をやるんだといって猛反対した。生産性向上を求める経営側の書類には、どれもマルに生の字のハンコが押してあったので「反マル生」です。

でも、生産性向上はサービス向上につながらないはずがないし、従業員だってより効率的に働けば、仕事が楽になるか、給料が上がるかするはずでしょう。だから、中曽根の国鉄民営化はいい、と僕は思った。

僕は１９６５年7月、ソ連に行ったことがある。社会主義でどんないいことをやっているか期待していたら、労働者の非効率なやり方に辟易《へきえき》した。ノルマがあって鉄をいっぱい使わなければいけないので、やたらどデカくて重いトラクターを作って、使いづらくてどうしようもないとかね。ソ連はぜんぶ国営企業。国営なんてろくでもない、と思ったんだ。

民営化に失敗したヨーロッパはすでに再公営化へ動いている

藤井　ただ、公的組織の問題を直す方法には、民営化もあるかもしれませんが、ほかに方法があったはず。そこを改善すべきだった。日本はムダというか、やりすぎの民営化が多かったと思います。

いまも自民党や維新の会の議員さんたちが、水道や空港を民営化しよう、いろいろなものを民営化しましょうという。**民営化をやればやるほど資本主義は歪んでいく**とは、たとえばノーベル経済学賞のスティグリッツがずっと主張していることです。

田原　フランスは、水道の民営化に失敗して国営に戻した。

藤井　そうなんですよ。水道・電力・バスやタクシーの民営化は、ヨーロッパが一足先にどんどんやった。マネしようと追いかけているのが、安倍内閣や菅内閣の、日本のエリートたちです。でも、本家ヨーロッパでは水道民営化に失敗して再公営化。電力も民営化で停電が増え、料金も上がったといって再公営化。運輸業界も自由化したらダンピングから無秩序になって混乱し、再公営化という流れです。

田原　再公営化はいつごろ？

藤井　2000年前後ですね。

ヨーロッパもいったんは自由化がいいと思ったのだから、日本がいまそう思うのは仕方ないのかもしれません。

でも、民営化の先進国、ヨーロッパ各国ではすでに、民営化の多くが失敗したということを経験して、反省しはじめてるんですから、日本もそれにならうべきです。そして少なくとも、民営化や規制緩和は絶対に正しいという考えは改めて、是々非々でやるべきでしょう。規制強化が必要なことも、逆に緩和が必要なこともある。民営化が必要な場合もあれば、公営化が必要な場合もある。

田原　絶対ではなく「是々非々」でいけ、と。でも、**是々非々って、日本あるいは日本人は、得意じゃないんだね。**そもそも組織内で、みんな上の意向ばかり気にして、是々非々論をやらない。何でもかんでも、イエスかノーかのどちらか。新聞も産経や読売のように安倍応援か、逆に朝日・毎日のように安倍批判かのどちらか。うちは是々非々でいきますっていう新聞、ないじゃないか。

藤井　議論が幼稚になってしまったんですね。そのやり方を続ける以上、日本に未来はありません。「是々非々」という態度こそ、大人の態度なんですから、それができないというのは、日本人が幼稚になったことを意味しているとしかいいようがないですよね。

田原　なんで幼稚になった？

藤井　理由は戦争に負けたからとか、いろいろあると思いますが。戦後日本の言論空間がシンプルになりすぎている。何でも右か左か、二つに一つじゃないですか。

田原　そこです。僕は、そこを何とか是正したいと思っている。

藤井　それが西部邁が『表現者』という雑誌でやろうとしていたことです。田原さんの『朝まで生テレビ！』の議論も、そういう空気を変えようとしていた。

「日本に、もっと是々非々という概念を」と、政治ならばどの政党の政治家にも、財界ならどの企業の社長にもいいたいですね。

トランプ対バイデンの歴史的な分断選挙は右か左かではなく、「グローバリズム」対「アンチグローバリズム」の分断だ

田原　アメリカについて聞きたい。共和党トランプ対民主党バイデンの大統領選は、南北戦争以来例のないすさまじい分断選挙だった。なんで分断選挙になった？

藤井　アメリカそのものが二百数十年前に人工的につくられた新しい国で、移民によ

るモザイク国家。日本のような民族の同質性や文化伝統をベースにできた国家ではないから、もともと分断しやすい。

白人と黒人あるいは非白人、上流階級と下流階級、共和党と民主党など、いろいろな分断があります。今回とくに分断が激しくなったのは「グローバリズムとの接し方」という問題です。

田原 バイデンはサンダースのような左翼ではなく中道。トランプも発言は極端だけど右翼ではなく、戦争大嫌いで、ロシアのプーチンとも仲よし。だからトランプとバイデンに大きな差はない。差が小さいのに、なんで分断？

藤井 現在における**政治的分断のメインの軸が、右派か左派かではない**からです。そうではなく、グローバリズムを続けるかやめるか——**グローバリズム対アンチグローバリズムを軸にした分断**こそが、いま重大な意味を持っているんです。

田原 グローバリズムはレーガン時代に始まって、国境を越えて世界市場で活動できる。すると、人件費が世界一高いアメリカの経営者たちは工場をメキシコやアジアに移し、旧工場地帯が廃墟と化した。黒人はニューヨークやカリフォルニアにどんどん移住できたが、うまく移動できない白人労働者の生活は非常に苦しくなった。だからトランプは反グローバリズムで〝アメリカ第一主義〟。

それに、アメリカは南米その他から移民や難民がいっぱい来て、彼らに職を奪われてしまう。だからトランプは移民難民に厳しく、国境に壁を造るという極端な反グローバリズムをやった。イギリスがEUから離脱したのも難民問題が大きかった。

藤井 バイデンは就任直後、大統領令を連発して、オセロゲームの駒をひっくり返すようにトランプのアンチグローバリズム政策をどんどんひっくり返していきました。

もっとも象徴的なのはメキシコ国境の壁の建設中止です。これは政治問題であると同時に経済問題でもある。イスラム排除政策からの転換もそうです。

そして「グローバリズム疲れ」から「アンチグローバリズム」へ

藤井 エマニエル・トッドは、10年くらい前から、「グローバリズム疲れ」といっています。とくに先進国で労働者がどんどん苦しくなり、もうグローバリズムやめてくれ、保護主義や移民抑制をやってくれという気分が、すごくたまっていたんです。

そのエネルギーがグローバリズムへの反発・不満・恨みとなり、イギリスでブレグジットを起こさせ、アメリカでトランプ大統領を登場させた。国内でグローバリズム賛成と反対が半々くらいだから、国民を二分するいがみ合いになってしまう。

ボリス・ジョンソンが敵意を惹起《じゃっき》するような発言をしなかったイギリスはまだ分断せずにもっていますが、アメリカのトランプは敵を作っては攻撃するポピュリズム。だから、亀裂が一気に拡大してしまった。

田原　自分と意見が違う存在を認めるのがデモクラシー。でも重大な問題ほど反対意見も強いから議論に明け暮れて結論が出ず、「決められない政治」になっていく。オバマ政権が典型です。対してトランプは決める政治をやろうとした。これが非デモクラシー的になっていく。敵味方を峻別し、敵を徹底的に攻撃しようとする。

藤井　グローバリズムに対して、各国の庶民や市井《しせい》の民がアンチになっていく。グローバリストは、エスタブリッシュされた、一流大学を出て金融界や多国籍企業に勤めるエリートたち。彼らはそれぞれの土地に固執しなくても生きていける。「多国籍エリート」対「庶民」という戦いの構図が、この10年20年で拡大してきた。

田原　トランプは反エスタブリッシュメント、ヒラリーはエスタブリッシュメント。ニューヨークタイムズやワシントンポストはヒラリーの味方で、その世論調査ではヒラリー優勢だったのに、実は反ヒラリーや隠れトランプ支持が多かった。

藤井　エリートたちはメディアや金融界を牛耳って、政治を動かす力がある。庶民の側の俺たちには政治を動かす力がないという不満が、トランプ大統領を生んだと思うんです。

グローバリストの側は、カネや権力と同時に教養もあって。自由・平等・博愛というような理念を大事だと思っている。「そんなの、くそくらえだ」といったトランプに、庶民たちは快哉《かいさい》を叫んだ。

田原　歴代大統領や大統領候補がまったくいわなかったことを、トランプは堂々と口にして、アメリカ第一主義を公然と打ち出した。それが工場がなくなって生活が苦しい白人の反エスタブリッシュメントの人びとに受けたんだ。

英米では、緊縮派のはずのエリートが反緊縮を叫びはじめた

藤井　リーマンショックや欧州ソブリン危機のあと反緊縮運動が出てきたとお話ししましたね。緊縮思想は教科書に書かれているイデオロギーで、教養あるエリート、グローバリストたちは基本的に緊縮です。メディアもそうだし、ドイツのメルケルも、ガソリン税を上げようとして反発されたフランスのマクロンも。緊縮思想は別名「小さな政府論」で規制緩和論ですから、グローバリストの利益にもそっています。

田原　もっとカネを寄こせという非エリートの庶民たちは反緊縮。

藤井　はい。以上が一般的な構造なんですが、英米ではおもしろい現象が起こって、エリート中のエリートの人が反緊縮を叫んでいます。たとえばアメリカの左派のサンダース。もともとエリートなのに、とてつもない反緊縮思想の持ち主です。

田原　貧しい人間を救えといっているね。アメリカでは珍しく左翼的。

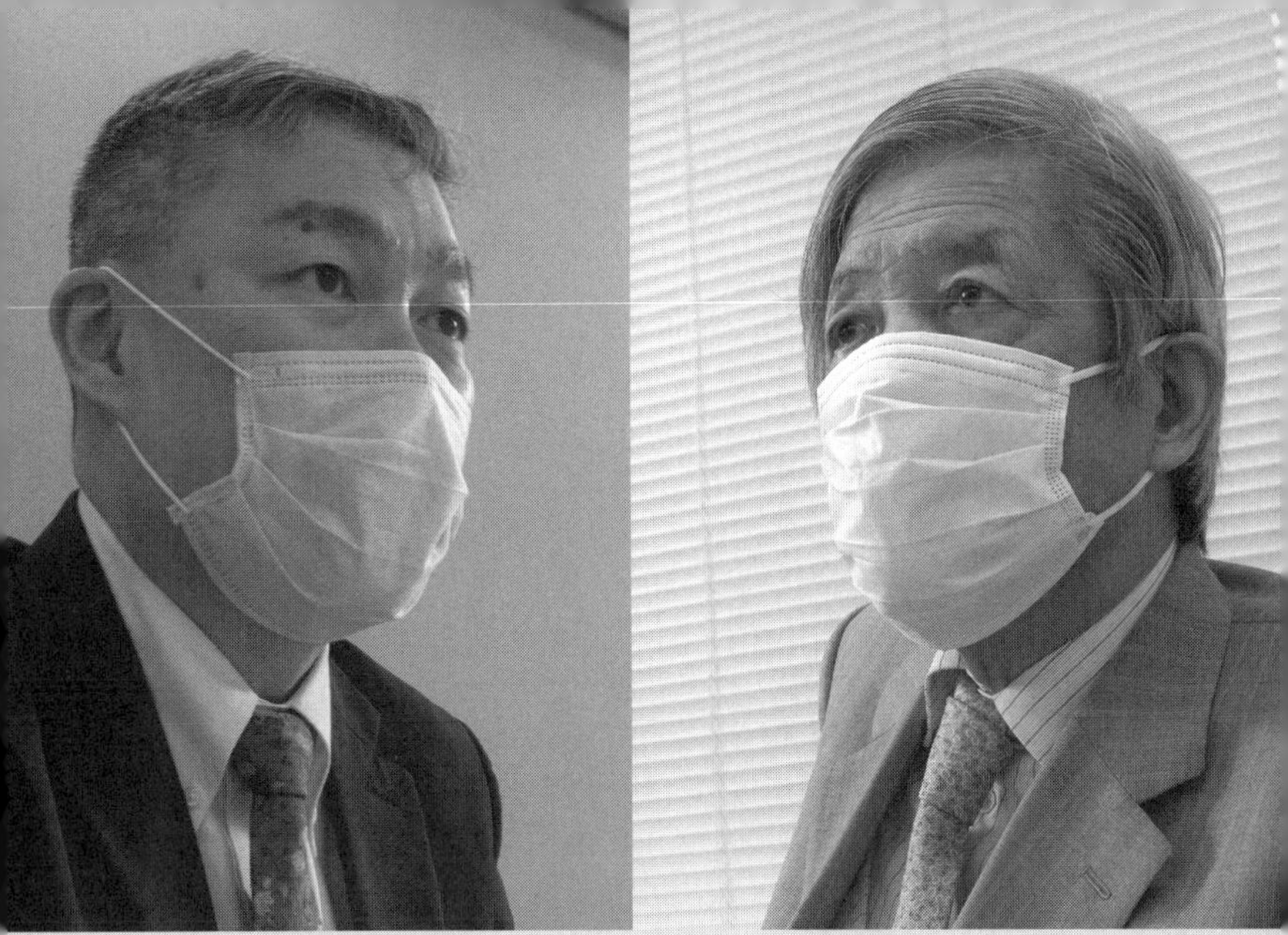

田原　消費税増税で、日本はここまでダメになった。

藤井　世界でダントツに取り残されてしまった国が
わが日本です。つぶれかけているんじゃないかと
いわれた南欧諸国すら、何十%か成長しています。
いちばんダメな日本は、
なんとマイナス20%成長なんです。
日本政府も財務省も、メディアも経済学者も、
なぜこんなことになったのか説明すべきです。
そして、日本の過去の経済政策が
間違っていたことを認め、
まともな政策に転換しなければなりません。

藤井　そのサンダースにアドバイスしたのが、何度か言及してきたニューヨーク州立大学教授でMMT主唱者のステファニー・ケルトン。

田原　藤井さんが京都大学や日本の国会に呼んだ人ね。

藤井　はい。彼女がサンダースにカネを使わなければダメだとレクチャーした。それでサンダースがとてつもなくカネを使うといい出した。結果、民主党の大統領候補選びで争うヒラリーも、カネを使うといわざるをえなくなった。

結局、ヒラリーが勝って民主党の大統領候補となり、共和党のトランプと戦った。トランプはもともと庶民派で反緊縮的。だから、トランプを誕生させた2016年の大統領選は、「反緊縮」対「反緊縮」だったんです。

田原　バイデンを誕生させた2020年の大統領選は？

藤井　トランプの反緊縮は変わらず、法人税減税ともいっていた。コロナ対策でも、日本とは比べものにならない大規模な財政出動をしています。

一方のバイデンも、21年1月20日に大統領に就任する直前、1・9兆ドル（約200兆円）の財政出動を発表。1兆ドル（104兆円）で家計を支援し、これには国民一人あたり1400ドル（14・5万円）の直接給付が含まれます。新型コロナ対策支援は約43兆円、中小企業支援は46兆円。トランプがさんざん財政政策をやったうえにさらに追加で出すんです。**トランプもバイデンも反緊縮**です。

田原　日本の人口はアメリカの4割弱。ならば日本は、家計支援に40兆円出してもおかしくないわけだ。一人10万円ずつ総額12・6兆円を1回だけ出したけれども。

藤井　もう、ため息が出てしまいますね。

世界の歴史というのは、やはりアメリカ、イギリスから動いていきます。たとえば小泉さんの構造改革というのはサッチャーやレーガンの後追いというところがある。つまり、英米から10年、15年、20年と遅れたころにやるんです。

で、**いまアメリカでは、二大政党のどちらも超・反緊縮政策をガンガンやっていて、その立役者として、本書で繰り返しお話ししているMMTがある**のです。このことをみなさんに知っていただきたい。

どうせ積極財政に転換するのなら、わざわざアメリカから10年も20年も遅れることなく、できるだけ早くやったほうがよいに決まっているんですから。

バイデンは分断を根治できず、対症療法を続けるしかないだろう

田原　反グローバリズムでアメリカ第一のトランプは、ヨーロッパの同盟国に対して非常に冷たくなった。トランプはドイツのメルケルに防衛費を2％にしろといったけど、メルケルは応じず、駐独米軍撤退だ、と。バイデンはどうしますか？

藤井　トランプ路線から離れてオバマ路線に近づくはずで、ヨーロッパとの同盟関係を強化するというか、元に戻す。環境問題のパリ協定もNATOとの関係も、元のさやに収めていこうとするでしょう。

防衛費2％なんて言い方はしないでしょうけど、アメリカもちゃんと協力するからヨーロッパも身銭を切ってくれ、というんじゃないかと思います。

田原　バイデンは、トランプの国境の壁をやめるのはいいけど、また難民がどんどん押し寄せてきたら、どうするんだろう？

藤井　ここでバイデンは大問題に直面します。トランプの火種が残ってますから、弱腰だとバイデン批判が活気づくことになる。トランプよりは低いとしても、国境の壁をちょっと高くする方向に転換せざるをえなくなるでしょう。

田原　南米からの難民や移民は受け入れない。イギリスと同じように？

藤井　そうです。たとえば中国は、グローバリズムに徹底的に乗っかることで、世界の工場として成長しましたが、国内的にはとてつもない保護主義政策をとっている。保護主義の国が強くなるということを各国の指導者がわかってきて、教科書に書いてある「グローバリズムは善」というイデオロギーを修正せざるをえなくなる。そういう転換が各国で起こります。日本も遅ればせながら修正していくでしょう。

田原　バイデンは、うまく解決できますか？

藤井　いや、アメリカは、とくにトランプ登場で、分断という非常に深刻な病理をさらに悪化させてしまった。バイデンだけで解決できるとは思えません。

根本的な解決は難しく、そのときどきで問題が爆発しないように制御していくしかないでしょう。

アメリカの対中国観はトランプ時代に一変し、「反中国」になった

田原　いま中国が飛躍的に発展していて、経済的にも技術的にもアメリカの一大脅威となった。オバマは何もできなかったが、トランプは中国に対して完全な敵視政策。米中冷戦状態。バイデンはどうしますか？

藤井　この問題は、日本の核心的な利益に関係するので、大いに着目していました。いまのところは、日本にとって最悪の状態は回避する方向――すなわち、中国に厳しく当たるトランプの方針をある程度、継続するだろうと見ています。

米中が「戦略的互恵関係」を取り結んだオバマ時代は、中国にとって心地よいものでした。バイデンは当時の副大統領だから、中国はオバマ路線に戻ることを期待したわけです。

しかし、トランプ時代の4年間で、アメリカの中国に対する基本的な認識が一変し

た。中国は本気で俺たちに追いつき、追い越そうとしている、と。
対中国観がガラッと変わり、ワシントンの人びとの頭が反中国になりました。バイデンは、ワシントンのエリートやブレーンたちの空気を吸って政治をする人ですから、本人の意志やこだわりはそう強くない。だから、ワシントン全体の雰囲気を受けて、中国敵視路線を「ある程度」は続けると思います。

田原 トランプ前政権は、閣僚や高官を台湾に派遣したから、中国は猛反発した。基本的にはバイデンは、そういうトランプのやり方を引き継いでいく。

藤井 トランプ政策をオセロゲームみたいにひっくり返したバイデンも、そこだけはひっくり返さなかった。これは極東の安全にとって、重要な歴史的転換だと思います。
アメリカは中国を民主化し、自由貿易を進めていけば、アメリカの国益になる、と考えていた。オバマはそう考えていただろうと思いますが、違うんだということに、トランプ時代になってアメリカ全体が気づいた。

田原 中国を開いて、いわばふつうの国にしていくシナリオを考えたのは、ニクソン米大統領時代のキッシンジャーね。

藤井　それ以来アメリカのエリートの常識だった見方が、転換したんです。

各国の指導的なエリート層が、どんなイデオロギーを共有しているか。それが国の政策方針を決めていく。グローバリズムかアンチか、緊縮か反緊縮か、中国に友好的か敵視か、といったことですね。

アメリカを見ていると、**時代時代でそのイデオロギーが変わっている**とわかる。対して**日本は**、いまだに**「グローバリズムと構造改革、そして緊縮が正しい」**という話になっている。そして、ほとんど誰もそれに疑問をさし挟まない。ここが恐ろしいところなんですよ。

田原　戦略的に考えに考えたうえで、その認識に至ったならいいけど。**前からずっとそうだから、いまもそうやるのだ**、という感じだからね。「ガラパゴス日本」や「ゆでガエル」という言葉を連想してしまう。

藤井　いわゆる「馬鹿のひとつ覚え」しかできないのが、いまの日本のエリートたち。戦略性が著しく乏しい。

やや下品で、ヤンチャで、わかりやすい政治家が勝つ時代になっている

田原　僕はトランプの失敗は二つあった、と思っている。

一つは、反グローバリズムはわかるが、「民主主義なんてくそくらえ」といい、自分に反対するホワイトハウスの幹部をみんな敵と決め込んで切り捨てていく。これがやり過ぎで、アメリカ国民が危機感を持った。

もう一つは、新型コロナの失敗です。コロナはかぜみたいなもんだといって、マスクもせず、自分が感染してしまった。アメリカは感染者も死者も世界最大。ホワイトハウスの連中は、新型コロナが怖くても、トランプがマスクをしないから自分もつけられない。結局、ホワイトハウスでクラスターが発生した。どうですか？

藤井　新型コロナは、世界中の政治家にも僕らの気分にも大きな影響を与えました。興味深い現象だと思うのは、政策方針が同じ政治家が二人いると、どうしてもやや下

品というか、ハチャメチャでやんちゃなほうが勝って、上品なほうが負けている。

田原 なんですか、それは？

藤井 フランスでは17年の大統領選で、グローバリズム派のマクロンが反グローバルで庶民派のマリーヌ・ル・ペンを下した。その前、反グローバル側にフランソワ・アスリノという政治家がいたんですが、これがやや上品なので人気薄。ハチャメチャでやんちゃなル・ペンのほうが強かった。同じようにアメリカも、反グローバルのなかでは、上品なエリートのサンダースより下品でヤンチャなトランプのほうが強い。

田原 なんでヤンチャなほうが勝つの？

藤井 反グローバリズム側は庶民だから、わかりやすさを求める。

田原 オバマは最初の"Yes, We Can"や"Change"はわかりやすかったけど、できないし変わらないから、どんどんわかりにくくなっちゃった。

藤井 どの国の国民も、わかりやすさを強く求める。日本では、小泉純一郎さんであり、大阪の橋下徹さんであり、東京の小池百合子さんだ、と思うんです。わかりやすさを追求すると、政策の精緻さや合理性がどんどん失われていって、国益を激しく毀損してしまう、という帰結がどうしても得られてしまう。

田原　ネットやSNSの隆盛は、その傾向に明らかに拍車をかけているね。

独裁や全体主義が民主主義から生まれる危険性が高まっている「民主主義こそ全体主義を生む母」である

田原　そこでいちばん怖いのは、第一次世界大戦に負けたドイツでワイマール憲法ができた。これは当時最先端の民主主義的な憲法とされている。ところが、そのワイマール体制からヒトラーが出てきたことです。どう考えますか？

藤井　西部邁の門下生の一人として、僕がいちばん恐れているのはそこです。人びとの感情を喚起し、わかりやすいことばかり追求していると、ヒトラー登場のような現象が起こってしまう。政策的な合理性が度外視され、指導者が国民の陶酔するようなことばかりいって人気を得ることが優先されていってしまう。

田原　ヒトラーは、はじめから独裁だったのではない。陰では放火事件のような陰謀や仲間の粛清などやったとしても、議会選挙で多数派を占めて首相になったことは確か。全権委任法を成立させ、独裁者になっていくのは、その後なんだ。

藤井　おっしゃるとおり。**世界史上最悪とすらいわれるヒトラーの独裁が、世界最先端の民主主義から生まれた**んだということをしっかり知っておく必要があります。**「民主主義こそ全体主義を生む母」**なんですね。

そんな暴走をしないよう議会というものをつくろう。市民革命で王様や貴族の政治を終わらせたあとは間接民主制でいこうじゃないか、といったのが十九世紀イギリスの哲学者ジョン・スチュアート・ミル。『代議制統治論』という本を書いて比例代表制、普通選挙制、女性参政権などを提案しています。

田原　へえ。ほとんどの国が、第二次世界大戦後にやっと実現したことですね。

藤井　イギリスは、大衆の意見を取り入れながら、その暴走を止めポピュリズムに陥らないよう議論を尽くす政治を進めていくために、議会制民主主義という装置を編み出したんです。

田原　西部邁は「デモクラシーは、下手すると愚民主義だ」といっていた。

藤井　衆愚政治に陥りやすい。民主主義をやる以上は、そのリスクをつねに認識して警戒する必要がある。そのためには、やっぱりガンガン**議論することで**すよ。**国会で**指導者がまともな**議論をせず、はぐらかすような受け答えをするのは、よくない。**嫌がらせのように、**愚にもつかない質問しかしないほうもよくないけ**ど。

デフレから脱却して経済力をもたなければ日本は安全保障でも主体性を取り戻せない

田原　米中対立が激化するなか、日本はアメリカとの関係をどうすればいいか？

安倍さんは13年12月26日に靖国神社に参拝した。現職首相の参拝は7年ぶり。中国や韓国の猛批判は当然として、アメリカは〝失望〟とまでいって批判した。

僕は安倍さんに会い「なんで行ったんだ？」と聞いた。安倍さんは「支持してくれる人たちを1年以上待たせた。これ以上待たせるわけにいかなかった」といった。

そこで僕は忠告した。「なぜアメリカは、失望とまで批判したか。あなたのことを歴史修正主義者ではないかと疑っているからだ。安倍内閣を続けたいなら、二度と靖国に行くな。あなたのいちばんの主張、『戦後レジームからの脱却』も二度と口にするな。東京裁判批判もいうな」と。

もちろん、もっと丁寧な言い方をしたんですよ。安倍さんは「わかった。いうとおりにする」といい、在職中、二度と靖国参拝をしなかった。

藤井　そうでしたか。

田原　そのようにした安倍さんを、つまり〝対米従属〟じゃないか、と批判した人もいたでしょう。そのとおり従属であれ、安倍は危険な男だ、クビをすげ替えたほうがいいとアメリカに思わせるよりましだ、と僕は考えた。だから忠告した。

ところが、アメリカがその後、言葉と行動を変えたんです。オバマは、アメリカが世界の警察であることをやめた。トランプは、世界はどうでもアメリカさえよければいいという。こうなると、日本は以前のままでいられない。

僕は20年6月、安倍さんに、日本が安全保障の主体性をちゃんと考えるべきときがきた、と話した。

藤井　具体的に、何をどうすべきとおっしゃったんですか？

田原　僕は、日本が安全保障の主体性を取り戻すには日米地位協定の改定だ、それをあなたはやるべきだ、現行の地位協定は占領制度の延長で問題がありすぎる、これを解決すれば沖縄問題も進展する、と提案した。一言でいえば、戦後レジームからの脱却を復活せよ、と。安倍さんはわかったと思う。本気でやるつもりになったと思うけど、体調を崩して退陣してしまった。引き継いだ菅さんがどこまでやるか。

藤井　「戦後レジームからの脱却」は容易ではないですが、僕の考えは安倍さんの考えと同じです。デフレ脱却と同時に戦後レジームからの脱却についても、内閣官房参与として6年間、安倍さんをサポートし続けました。

　外交では二枚舌、あるいは、場合によって面従腹背《めんじゅうふくはい》が不可欠。口に出さなくても腹の中で戦後レジームからの脱却を思い続け、その間にデフレから脱却して国力をつける。そうすれば、アメリカが日本の力を借りたいとき必要な対応ができる。アメリカも日本を従属視するような扱いはやめて、よろしく頼む、ともに歩もう、という話になる。だからこそデフレからの脱却で経済力を拡大することが必須だ——僕はそう思っています。

受け身の日米同盟から積極的な日米同盟にするためにもMMT理論は必要である

田原　そう思っているうち、トランプの4年間でアメリカの対中戦略が変わった。

藤井　はい。この状況変化を日本はしっかりとらまえて、中国と距離を置く対応が必要です。東西冷戦時代に米ソ超大国が対立といいますが、ソ連はGDPがアメリカの2～3割と小さい。かなり無理して軍事力を高めていたけど、アメリカのほうが圧倒的に有利で、ソ連はそれほど怖い敵ではなかった。ところが、いま急膨張している中国は、早晩GDPでアメリカを追い抜く。

田原　米中の人口差は4倍以上だから、一人あたりでは4分の1以下だけど、中国がトップに躍り出るプレゼンスは、これは大きい。

藤井　しかも中国は、いまのところ世界の覇権を考えているわけではなく、周辺の安全保障を重視。太平洋への海洋進出で極東、一帯一路の海路でインド洋に出る南シナ海に軍事投資を集中しています。極東だけでいうと、アメリカはもう簡単に勝てる状況じゃなくなってきたから、「在日米軍は日本の脅威を抑える〝ビンのふた〟」なんて続けられない。

田原　それは、もういってない。

ただ、そんな簡単には負けないけどね。世界最強の米第7艦隊と、世界1位・2位の対潜水艦戦能力を持つ海軍が日本にいるのだから。

藤井　いずれにせよ、いつまでたっても憲法9条で守られて戦争しないんだという体制でいけば、やがて日本は、アメリカにとって迷惑な存在になりかねない。

日本は、デフレ脱却で経済力を強め、自主防衛力を徐々に高めていくと同時に、アメリカと連携し、日本・韓国・台湾でスクラムを組んで中国と対峙していく安全保障体制を構築する必要があります。

いまここで自主独立をいわないと、日本の未来は絶対にない。西部邁先生が生きていても、たぶん同じことをいうでしょう。そのためにもプライマリーバランス規律を撤廃し、消費税0%・粗利補償・危機管理投資というMMTに基づく財政出動をして、しっかり経済成長を果たす必要がある。**デフレ脱却は、日本の国家安全保障という観点からも、絶対的な必須条件**なんです。

田原　今までの日米同盟は受け身の日米同盟だった。守ってもらう代わりにアメリカのいうことは何でも聞いてカネも出すと。これからは、積極的な日米同盟を構築していかなければいけない。安全保障の主体性を回復するためにどうすべきか、まずASEAN諸国との関係を強化する。オーストラリア・インドはじめ太平洋・インド洋諸国との関係も強化して海を守る。

藤井　アメリカの核心的利益である台湾の対中国対策を、日本も徹底的に支持する。台湾については、日本は親近感を抱いているものの、中国に非常に遠慮して要人は来てくれるなというような態度だった。われわれはアメリカと同じ立場なんだと中国側にいうことが必要になってきます。

対米追従ではない、本当の意味での同盟に近づけていく転換が必要だし、アメリカもそれを望んでいるはずなんです。

香港、台湾、そして尖閣……習近平の思惑はどこにある？

藤井　香港についても、中国はコロナ禍のなかで火事場泥棒をやっているんです。放置すれば中国はどんどん増長する。米中新冷戦の最前線基地が香港で、香港を落としたあと、習近平は台湾を取りに来る。この流れの先に日本の尖閣諸島もある。だから香港こそが尖閣防衛の最前線だ、と僕は思っています。

田原　いや、そこ、僕の考えは違う。中国はあれを取りこれを取り、どんどん攻め寄せてくるなんて、そんな単純な話ではないよ。全体主義の国というのは難しい。習近平がヘタに香港問題で緩和姿勢を取ると、国内で失脚しかねない。だから強硬姿勢を貫いている。

これは北朝鮮も同じで、別にアメリカと戦争する気なんかない。戦争すれば国が滅亡するんだから。じゃあ、なんで潜水艦発射ミサイルの張りぼてなんか軍事パレードに出してくるのか。アメリカと戦うぞと見せなければ、ヘタをすれば軍に殺される。これをトランプはわかってるから、危機感を持っていないし、にこやかに会談した。
バイデンと習近平も同じですよ。さらにいうと、中国が豊かになればなるほど、戦争なんてやりたくない、もっと自由にやりたいという声が国民から出てくるに決まっている。このことも習近平はわかっている。
藤井 しかし、香港については、イギリスはじめ欧米との約束があったのに、中国はそれを破った。習近平は焦りすぎで、もっと穏便なやり方があったのではないか。
田原 いやいや、全然違う。焦りすぎじゃなくて、それをやらないと習近平がヤバいんだよ。彼の親父さんは、どちらかといえばリベラルでやられたんだから。
藤井 でも、中国は習近平が別の誰かに代わっても、その人物が、香港を取り、台湾を取って「第一列島線」を確保し、あわよくば「第二列島線」まで中国軍を進めたいと思っているはずですから。
田原 いや、断じてありえないよ、そんなことは。それをやったら中国は滅亡だ。そんな見方は空想的すぎる。中国指導部も国民も、そんな妄想は抱いてない。

藤井　いますぐの話、とはいいません。彼らは50年100年という長期的なビジョンで考えているでしょう。それは警戒しなければいけない。そのために日米同盟が必要だし、日本経済も回復させなければならない。

世界でいま、どこに勢いがあるかというと中国です。資本主義と政治のミックスがうまくいってしまっている。それが中国国民の幸せにつながっているかどうかという議論は、別にある。けれども国勢拡大という点でいえば、かなりの程度成功していることも事実。日本も中国のやり方を、もっと日本流にして使うべきだ、と思います。

プライマリーバランス規律を撤廃することから、すべては始まる!

田原　僕が危ないと思うのは、藤井さんの意見にもっとも近いのが中国だ、ということですよ。つまり中国の国家資本主義。

藤井　じつは、そうです。中国のやっていることは、僕の主張に近いんです。その国家資本主義を日本で、公共投資でも軍備拡張でも、もっと日本人が幸せになるように運営してほしい。

田原 いや、違うと思う。中国の国家資本主義と、欧米や日本が目指すべき修正資本主義は違う。違わなければ絶対にダメだ、と僕は思うね。

たとえば、欧米や日本で100年200年と続いてきた企業や家というのは、中国のそれと成り立ちが違う。歴史や文化や伝統や慣行や考え方が全然異なる。そういうものが、積もりに積もり一緒になって、日本の資本主義をつくっている。中国企業を見わたせば、人民解放軍の購買部やら横流し部門やらがそのまま会社になったなんてものが山ほどある。資本主義をつくる人もパーツも、日中で違うわけだ。

ところが、全体を見れば中国流資本主義の成績がよいから、日本の資本主義をそれに近づけるというのは、人やパーツの違いを無視している。それが真正保守の発想とは思えない。是々非々ならある話だろう、と思うけれども。どうですか?

藤井 もちろん、中国流のやり方をそのまま取り入れるべきではないでしょう。しかし彼らが政策展開において参照している普遍的な社会科学理論を、わが日本も参照す

結婚できない理由

日本経済はどうでもいいが…(ムズいんだもん)
ウフフ
月旅行しよう!
アハハ
景気よくなって金持ち男子をつかまえたいです
ということでちゃっちゃとたのむよ
うるさいっだまれっ
まずはその性格を直せ!!
財務省を変革するのどれだけ難しいかわかるか!?
バンバン
それは藤井さんの仕事だろ!!
ずぼっ
ギャッ!!!
私に男ができないのも藤井さんと財務省のせいだっ
財務省をいてこませ!!
ギャー
ギャー
おろろーん
たのんだよ藤井さん

べきだと思う。たとえば公共投資の重要性を説いたケインズ経済学や、財政赤字を気にせずインフレ率だけを気にして国債を発行すべきだというMMT、さらには地理的条件を加味しながら近隣諸国との勢力均衡を図りつづけようと主張する地政学理論です。こうした普遍的な理論を日本人が解釈し、日本流の経済・財政・産業・外交政策を展開すべきです。つまり、われわれが中国から学ぶべきは政策の中身でなく、社会科学理論を尊重し、長期的視野に立って政治を展開する姿勢そのものです。なんといってもいまの日本には思考停止がはびこっているわけですから。

田原　藤井さんこそ、中国に行って、中国と話し合うべきだよ。

藤井　MMTについてレクチャーしてくれないか、と中国から頼まれて、お断りしたことがあります。

田原　行けばいいじゃないか。徹底的に話し合うことが重要だって、ここでさんざん話している。それで「MMTで財政出動して何に使うんだ？　まさか尖閣に押し寄せるつもりはないだろうな」って、ガンガンやり合えばいい。

藤井　はい、こんど話があったら考えます（笑）。

ここまで、大きく沈み込んで世界に取り残されてしまった日本経済を、どうすれば浮上させることができるか、田原さんと話し合ってきました。プライマリーバランス規律の撤廃、消費税０％、粗利補償、危機管理投資を提案し、それらを実現できる根拠としてＭＭＴ（現代貨幣理論）もご説明しました。

最後に僕が改めて強調しておきたいのは、経済問題にかぎらず、新型コロナ問題や安全保障・外交問題をはじめ、日本で叫ばれている医療、介護、年金、教育、子育て、文化など**さまざま問題が、日本の財政の抜本的な大変革によって、解決する方向に大きく踏み出せる**ということです。これは、いくら強調しても強調し足りないと思っています。

田原　わかった。僕ももっと勉強して、やれることがあったら協力したい、と思っています。とてもおもしろかった。長時間ありがとうございました。

藤井　こちらこそ、ありがとうございました。

こうすれば絶対よくなる！ 日本経済

発行日　2021年 4月14日　第1刷
発行日　2021年 6月16日　第5刷

著者　田原総一朗
藤井聡

本書プロジェクトチーム

編集統括	柿内尚文
編集担当	高橋克佳、斎藤和佳
編集協力	坂本衛
デザイン	菊池崇＋櫻井淳志（ドットスタジオ）
撮影	塔下智士
マンガ	若林杏樹
校正	小林潤一郎（有楽庵）
営業統括	丸山敏生
営業推進	増尾友裕、綱脇愛、大原桂子、桐山敦子、矢部愛、寺内未来子
販売促進	池田孝一郎、石井耕平、熊切絵理、菊山清佳、吉村寿美子、矢橋寛子、遠藤真知子、森田真紀、大村かおり、高垣知子、氏家和佳子
プロモーション	山田美恵、藤野茉友、林屋成一郎
講演・マネジメント事業	斎藤和佳、志水公美
編集	小林英史、舘瑞恵、栗田亘、村上芳子、大住兼正、菊地貴広
メディア開発	池田剛、中山景、中村悟志、長野太介、多湖元毅
管理部	八木宏之、早坂裕子、生越こずえ、名児耶美咲、金井昭彦
マネジメント	坂下毅
発行人	高橋克佳

発行所　株式会社アスコム

〒105-0003
東京都港区西新橋2-23-1　3東洋海事ビル
第２編集部　TEL：03-5425-6627
営　業　局　TEL：03-5425-6626　FAX：03-5425-6770

印刷・製本　株式会社光邦

Printed in Japan ISBN 978-4-7762-1138-9